GERMAIN DUCLOS
et une équipe d'éducatrices dirigée par DENISE BERTRAND

Quand les tout-petits apprennent à s'estimer...

Guide théorique et recueil d'activités
pour favoriser l'estime de soi des enfants de 3 à 6 ans

Éditions de l'Hôpital Sainte-Justine

Centre hospitalier universitaire mère-enfant

CPE
Enfant des Neiges

Diffusion-Distribution au Québec : Prologue inc.
en France : Casteilla Diffusion
en Belgique et au Luxembourg : S.A. Vander
en Suisse : Servidis S.A.

Éditions de l'Hôpital Sainte-Justine (CHU mère-enfant)
3175, chemin de la Côte-Sainte-Catherine
Montréal (Québec) H3T 1C5
Téléphone: (514) 345-4671
Télécopieur: (514) 345-4631
www.hsj.qc.ca/editions

Dépôt légal : 3e trimestre 1997
Bibliothèque nationale du Québec
Bibliothèque nationale du Canada

Étant donné que les personnes qui œuvrent auprès des tout-petits, en particulier dans les centres de la petite enfance, dans les garderies et dans les classes maternelles, sont en grande majorité des femmes, nous avons opté dans de nombreux cas pour l'emploi exclusif de la forme féminine.

Imprimé au Canada

TABLE DES MATIÈRES

REMERCIEMENTS 4

INTRODUCTION 5

CHAPITRE 1 • L'ESTIME DE SOI ET LES TOUT-PETITS 9

CHAPITRE 2 • LES BESOINS DES ENFANTS DE 3 À 6 ANS 17

CHAPITRE 3 • DÉVELOPPER UN SENTIMENT DE CONFIANCE 25
    L'organisation du milieu 26
    Les attitudes éducatives 27
    Les signes observables d'un sentiment de confiance 28
    Les objectifs spécifiques 29
    Les activités visant à favoriser un sentiment de confiance 30

CHAPITRE 4 • DÉVELOPPER UNE CONNAISSANCE DE SOI 45
    Les attitudes éducatives 46
    Les signes observables d'une connaissance de soi 48
    Les objectifs spécifiques 49
    Les activités visant à favoriser une connaissance de soi 50

CHAPITRE 5 • DÉVELOPPER UN SENTIMENT D'APPARTENANCE 73
    Les attitudes éducatives 74
    Les signes observables d'un sentiment d'appartenance 76
    Les objectifs spécifiques 77
    Les activités visant à favoriser un sentiment d'appartenance 77

CHAPITRE 6 • DÉVELOPPER UN SENTIMENT DE RÉUSSITE 87
    Les attitudes éducatives 88
    Les signes observables d'un sentiment de réussite 91
    Les objectifs spécifiques 92
    Les activités visant à favoriser un sentiment de réussite 92

CONCLUSION 101

CHOIX BIBLIOGRAPHIQUE 103

INDEX DES ACTIVITÉS 104

ANNEXE 1 • Au sujet de l'animation des activités 107

ANNEXE 2 • Petit lexique relatif aux activités 110

ANNEXE 3 • Les dessins 111

REMERCIEMENTS

Nous tenons à remercier Sylvie Charron qui, lorsqu'elle était directrice de la garderie Enfant des Neiges, a semé l'idée d'un projet d'activités visant à favoriser l'estime de soi des tout-petits. Nous voulons, de plus, exprimer nos remerciements à toutes les éducatrices et éducateurs du CPE Enfant des Neiges qui ont collaboré à la création et à l'expérimentation des activités contenues dans l'ouvrage. Ces remerciements s'adressent particulièrement à l'équipe de l'année 1996-1997 : il s'agit de Manon Chaput, Nicole Costa, Yanick Duval-Gagnon, Geneviève Fauteux, Nadine Fortin, Guerlaine Guerrier, Kim Latreille, Pascale Laurent, Nathalie Richard et Lise Taché.

Nous voulons, d'autre part, remercier chaleureusement Luc Bégin, chargé de l'édition de cet ouvrage, qui a joué, dans ce travail collectif, le rôle d'un chef d'orchestre et qui s'est assuré que chacun remplissait bien sa tâche.

Nous voulons également souligné le soutien qui nous a été apporté par les personnes suivantes : Danielle Laporte, psychologue clinicienne, qui a toujours cru à notre projet; Pascale Doutreloux, enseignante en adaptation scolaire, qui nous a fait d'heureuses suggestions; Johanne Plourde qui a assumé patiemment le travail de secrétariat.

Enfin, nous voulons dire un merci tout à fait spécial aux tout-petits qui ont inspiré notre travail et dont la présence enjouée et chaleureuse nous a gardé en contact étroit avec l'estime de soi.

INTRODUCTION

La question de l'estime de soi est de plus en plus présente dans le monde de l'éducation. Les médias, pour leur part, en parlent de plus en plus fréquemment. Pourquoi cet engouement? Ne s'agit-il que d'une mode parmi d'autres?

Toute personne œuvrant dans le vaste domaine des relations humaines sait que l'estime de soi constitue l'un des principaux facteurs du développement humain. Elle est même le fondement de l'éducation qui consiste essentiellement à accompagner ou à guider enfants et adolescents dans leur vie affective, sociale, intellectuelle et morale.

Le fait d'accorder une importance majeure au développement de l'estime de soi n'est pas sans conséquence. En effet, cela nous garde en contact permanent avec les priorités de l'éducation et les valeurs pour lesquelles on a choisi, au départ, d'œuvrer dans ce domaine.

Le Service des publications de l'hôpital Sainte-Justine a publié à ce jour deux guides sur l'estime de soi qui sont d'abord destinés aux parents. L'un a pour objet les enfants de 6 à 12 ans (*Comment développer l'estime de soi de nos enfants*) et l'autre traite de l'adolescence (*L'estime de soi de nos adolescents*). Ces livres connaissent un grand succès car ils répondent aux préoccupations concrètes et quotidiennes qui surgissent chez les parents au cours de leurs actions éducatives. Il y a, en effet, un grand nombre de parents qui s'interrogent et qui recherchent les attitudes et les moyens qui sont les plus susceptibles de garantir un bon développement des enfants et des adolescents. Étant donné le climat d'insécurité qui règne sur le plan familial comme sur le plan économique, ces interrogations sont souvent teintées d'inquiétude. Il ne faut pas oublier que nous vivons dans une société qui est en pleine mutation, qui remet en question nombre de valeurs et qui n'offre aucun modèle de référence stable ou de projet de société sur lequel s'appuyer.

Le manque de temps est un facteur qui aggrave le sentiment d'insécurité ressenti par les parents. Ceux-ci, souvent aux prises avec un trop grand nombre d'occupations — qui sont le fruit d'une société obsédée par les questions de rentabilité et de performance — en viennent à ne plus avoir confiance en leurs habiletés parentales. Les guides dont nous parlons sont grandement appréciés, car ils remettent les parents en contact avec les besoins fondamentaux de tout être humain. Ils leur permettent de confirmer leur compétence parentale tout en les soutenant grâce à des conseils pratiques.

Éducatrices et enseignantes œuvrant en petite enfance ont souvent exprimé le souhait d'un guide axé sur l'estime de soi des moins de 6 ans. C'est pour répondre à ce souhait, à ce besoin, que nous leur proposons un ouvrage dont l'objectif est de favoriser l'estime de soi des tout-petits. La démarche et les activités proposées sont le fruit de plus de trois années d'expérimentation à la garderie Enfant des Neiges qui est depuis devenue un centre de la petite enfance. Les éducatrices de ce milieu éducatif ont toujours été convaincues de l'importance de développer l'estime de soi des tout-petits à titre de mesure préventive contre les difficultés d'adaptation et d'apprentissage. Elles ont élaboré des activités, elles les ont améliorées au fil du temps tout en poursuivant leur réflexion sur les attitudes éducatives les plus susceptibles d'amener les tout-petits à intégrer une bonne image d'eux-mêmes.

Le guide a été conçu également comme un outil privilégié pour stimuler les enfants et pour prévenir les désordres de la conduite ainsi que les difficultés d'apprentissage. De nombreuses recherches ont démontré que plus les interventions sont précoces dans le développement des enfants — et surtout durant la petite enfance — moins il y a de risques que se développent des difficultés d'adaptation et d'apprentissage. Il est largement reconnu que l'estime de soi est le facteur principal de prévention de ces difficultés.

Nous considérons que le développement de l'estime de soi doit se faire selon un processus continu et intégré à la vie des enfants. Celui-ci doit être alimenté à la fois par les attitudes éducatives et par les activités. Il faut préciser, en ce qui concerne les activités et mises en situation que nous avons créées, qu'elles visent les composantes fondamentales de l'estime de soi : le sentiment de confiance, la connaissance de soi, le sentiment d'appartenance ainsi que le sentiment de réussite.

Il nous paraît important de mentionner que ce sont surtout les attitudes éducatives qui favorisent le développement de l'estime de soi des enfants. C'est le cas lorsque l'éducatrice a une attitude chaleureuse à l'égard des enfants, lorsqu'elle leur accorde toute son attention, lorsqu'elle souligne régulièrement leurs gestes positifs, lorsqu'elle croit en leur capacité de relever des défis et lorsqu'elle évite les mots qui blessent et les sarcasmes. Il est donc primordial qu'éducatrices et enseignantes réfléchissent régulièrement à leurs attitudes et puissent profiter, si le besoin s'en fait sentir, de sessions de formation ou de perfectionnement sur ce plan.

Les activités proposées dans ce guide sont des outils pour amener les tout-petits à se découvrir et à s'estimer. Ce sont des déclencheurs qui ont pour objectif de stimuler une conscience de soi et une bonne estime de soi.

Pour aider les enfants à développer leur estime de soi, il faut, avant toute chose, les amener à vivre des sentiments de confiance par rapport au milieu dans lequel ils vivent et, en particulier, par rapport à leurs éducatrices et à leurs enseignantes. Sans ce sentiment de confiance, l'enfant souffre d'insécurité, adopte une attitude défensive et ne peut ni tisser des relations significatives avec son entourage ni réaliser des apprentissages.

Le répertoire d'activités que nous proposons dans ce guide est forcément limité. Nous invitons donc tous les utilisateurs du guide à bâtir et à expérimenter d'autres activités susceptibles de favoriser l'estime de soi des tout-petits et à les faire parvenir, s'ils le désirent, au Service des publications de l'hôpital Sainte-Justine qui pourra les inclure dans des éditions ultérieures.

Chapitre 1
L'ESTIME DE SOI ET LES TOUT-PETITS

On entend beaucoup parler d'*estime de soi*. À tel point que l'expression est en voie de passer dans le langage populaire. Peu de personnes, par contre, en saisissent le vrai sens. En effet, on confond fréquemment estime de soi avec confiance en soi, assurance ou détermination.

Vers une définition de l'estime de soi

Les dictionnaires définissent généralement l'estime de soi comme étant un sentiment favorable né de la bonne opinion qu'on a du mérite et de la valeur. Pour sa part, Rénald Legendre, dans le *Dictionnaire actuel de l'éducation*, parle de l'estime de soi comme de la valeur qu'un individu s'accorde globalement. Il ajoute qu'elle fait appel à la confiance fondamentale de l'être humain en son efficacité et en sa valeur. Soulignons que le terme valeur revient souvent dans les définitions.

Nous disons, pour notre part, que l'estime de soi est la conscience de la valeur personnelle qu'on se reconnaît dans différents domaines. Il s'agit, en quelque sorte, d'un ensemble d'attitudes et de croyances qui nous permettent de faire face au monde.

Il est important de bien préciser ce que nous entendons par *la conscience de la valeur personnelle*. Ce n'est pas la valeur qui est en cause mais bien la conscience de celle-ci. En effet, il y a beaucoup d'individus (enfants, adolescents, adultes) qui font preuve de belles et grandes qualités, qui manifestent des compétences et des talents, mais qui n'en sont pas conscients et qui ressentent une faible estime d'eux-mêmes. Ce n'est donc pas la maîtrise et l'actualisation de forces et d'habiletés particulières qui font qu'une personne a une bonne estime de soi. La clé se trouve dans le processus de « conscientisation ». L'estime de soi est dans la représentation mentale de soi-même quant à ses propres qualités et habiletés ainsi que dans la capacité de conserver ces représentations dans la mémoire vive pour les actualiser et pour pouvoir surmonter des difficultés, relever des défis et vivre de l'espoir.

L'estime de soi n'est pas du tout synonyme de narcissisme, n'est en rien une admiration de soi-même associée à de l'égocentrisme, à des sentiments de grandiosité et d'omnipotence. Au contraire, l'estime de soi suppose une perception de ses difficultés et une conscience de ses limites personnelles. Toute personne qui a une bonne estime de soi est capable de dire d'elle-même : « J'ai des qualités, des forces et des talents qui font que je m'attribue une valeur personnelle même si je fais face à des difficultés et à mes limites. »

On constate, en définitive, que l'estime de soi implique la perception la plus réaliste possible de soi-même. Cette perception se modifie et s'enrichit au gré des expériences et au fil du développement.

À la source de l'estime de soi

Quelle est la source première de l'estime de soi ? De nombreuses études et recherches s'entendent pour dire qu'elle s'enracine dans l'attachement. En effet, tout individu, qu'il s'agisse d'un enfant, d'un adolescent ou d'un adulte, qui s'est senti aimé ou qui se sent encore aimé — même si ce n'est que par une seule personne — peut se dire qu'il est aimable et qu'il possède une valeur propre.

Cette période de l'attachement, dont l'importance a été mise en lumière et confirmée par de nombreuses études et recherches, est fondamentale dans le développement psychique de tout être humain. Elle constitue le noyau de base de l'estime de soi. Ce premier sentiment d'une valeur personnelle s'enrichit, par la suite, de feed-back positifs de l'entourage, de rétroactions qui confirment à l'individu ses forces, ses qualités et ses réussites.

Estime de soi et amour-propre

Examinons maintenant les rapports entre estime de soi et amour-propre. L'amour-propre est défini, de façon générale, comme étant un sentiment vif de la dignité et de la valeur personnelle, ce qui fait qu'un être souffre d'être mésestimé et qu'il désire s'imposer à l'estime d'autrui (*Le Petit Robert*). On constate rapidement que les liens sont étroits entre les deux termes et que la différence réside dans la distinction qu'il faut faire entre aimer et estimer.

À cet effet, il faut faire remarquer qu'on peut estimer quelqu'un sans nécessairement l'aimer. En effet, on peut reconnaître des qualités et des compétences à un individu qui ne vit pas dans son environnement immédiat — un personnage public ou politique par exemple — sans l'aimer en tant que personne. Mais l'inverse n'est pas vrai : on ne peut aimer une personne sans l'estimer, c'est-à-dire sans lui attribuer une valeur personnelle et intrinsèque. Dans une relation d'amour et d'attachement, il est important qu'on puisse apprécier, admirer et estimer les qualités, les compétences et les attitudes de la personne aimée.

Cette comparaison entre amour-propre et estime de soi nous permet de nous rendre compte qu'un individu ne peut s'aimer sans s'estimer, c'est-à-dire sans s'attribuer une valeur personnelle. Et nous avons vu précédemment que la première conscience de cette valeur est le sentiment d'être aimable et aimé à cause de ses caractéristiques personnelles (qualités, forces, façon d'être, identité unique).

Un phénomène cyclique et variable

L'estime de soi peut se développer à tout âge et elle varie selon les étapes de la vie. Les premières années dans la vie d'un enfant sont très importantes bien que tout ne se joue pas avant 6 ans. Il y a, en effet, le risque qu'une conception trop déterministe du développement réduise l'espoir de ceux qui accompagnent les enfants, les adolescents et les adultes dans leur croissance personnelle, surtout quand ceux-ci ont vécu des moments difficiles au cours de leurs premières années de vie. De plus, cette conception met une pression beaucoup trop grande sur les parents et sur les éducatrices qui ont la charge des jeunes enfants d'âge préscolaire.

Les premières années de vie sont, en quelque sorte, le fondement psychique de l'être humain. Cela n'empêche pas que chaque autre étape de la vie comporte ses propres enjeux. Soulignons, à cet égard, que des recherches démontrent amplement que l'estime de soi peut s'améliorer même chez les personnes âgées.

La conscience d'une valeur personnelle est donc cyclique et variable comme la vie. Pour illustrer cela, il suffit d'imaginer la situation suivante : une personne qui possède une bonne estime de soi du fait qu'elle vit de bonnes relations avec ses proches, qu'elle aime son travail où elle se sent valorisée et qu'elle s'actualise dans ses diverses activités, vit soudainement une épreuve. Cette épreuve — une maladie, une perte d'emploi ou une séparation — a pour résultat de perturber temporairement son estime de soi. Mais c'est quand même sur la base de sa bonne perception d'elle-même qui est enracinée en elle qu'elle peut faire face à l'épreuve et s'adapter. Ayant conscience de ses ressources et de ses forces personnelles, elle peut les utiliser pour sortir de l'ornière. C'est cela l'estime de soi : la conscience acquise de sa valeur personnelle, de ses forces, de ses qualités et de ses habiletés.

On comprend mieux maintenant que de nombreuses recherches mettent en évidence le fait que l'estime de soi constitue le principal facteur de prévention des difficultés d'adaptation et d'apprentissage chez les enfants ainsi que de maladie mentale chez les adultes. L'estime de soi est une réserve consciente de forces personnelles dans laquelle l'enfant ou l'adulte puise l'énergie nécessaire pour combattre ou gérer les stress de la vie.

La qualité des relations

L'estime de soi est subordonnée à la qualité des relations qu'un enfant tisse avec les personnes qui sont significatives pour lui. Ainsi, les propos favorables tenus par un adulte à un enfant qui lui accorde beaucoup d'importance contribuent grandement à l'existence d'une bonne estime de soi chez cet enfant. À l'inverse, des propos ou des jugements négatifs peuvent détruire l'image que cet enfant a de lui-même. L'attachement, on le voit bien, est une arme à double tranchant. Enfin, le fait que l'adulte ait ou non de l'importance aux yeux de l'enfant détermine la résonance et l'impact qu'aura un jugement positif ou un commentaire désobligeant sur lui. La qualité des échanges relationnels influence beaucoup l'estime de soi.

Il ne suffit pas qu'un enfant connaisse de petites réussites pour qu'il se retrouve magiquement avec une bonne estime de soi. Il faut plus pour se percevoir de façon positive et durable. C'est là que l'adulte entre en jeu. Il a comme tâche de souligner les gestes positifs ou les succès de l'enfant, de faire en sorte qu'il en conserve le souvenir. En l'absence de feed-back ou de rétroactions positives, l'enfant ne peut pas prendre conscience de ses réussites et les enregistrer dans sa mémoire. Ce souvenir des gestes positifs et des réussites doit être réactivé régulièrement si l'on veut qu'il reste au niveau de la conscience. L'estime de soi, en effet, fonctionne par la mémoire et grâce à elle.

Toute nouvelle connaissance ou tout nouvel apprentissage d'une habileté disparaît de la mémoire vive s'il n'est pas réinvesti régulièrement. Il appartient à l'adulte d'amener souvent l'enfant à évoquer le souvenir des gestes positifs qu'il a posés et des petites réussites qu'il a connues. De cette façon, gestes et réussites demeurent stockés dans la conscience. L'évocation de ces souvenirs positifs peut se faire de multiples façons : par la parole, par des écrits, par des dessins, par des photos, etc.

Nous sommes maintenant en mesure de voir de façon plus précise comment se développe l'estime de soi. Elle est dépendante, en premier lieu, des feed-back positifs qui sont exprimés par les personnes qui ont de l'importance aux yeux de l'enfant. Celles-ci, en soulignant ses réussites, le confirment dans sa valeur. La source de l'estime de soi est donc extérieure à l'enfant ou extrinsèque. Avec le temps, en recevant régulièrement des feed-back positifs, l'enfant intériorise une bonne estime de lui-même qui sera nourrie de façon intrinsèque, à l'intérieur de lui, par un monologue. Il s'agit ici d'une conversation intérieure que l'on entretient avec soi-même et dont le contenu est positif ou négatif.

Pour évaluer la qualité de sa propre estime de soi, il faut être en contact avec le jugement qu'on porte sur soi-même au cours de son monologue intérieur. Si ce jugement est positif, on nourrit soi-même sa propre estime de soi. Quand une épreuve survient ou quand il y a un échec, on redevient dépendant de l'extérieur jusqu'à ce qu'on puisse intérioriser de nouveau une bonne estime de soi. Celle-ci, à son tour, bénéficiera d'un monologue intérieur positif.

Du concept de soi à l'estime de soi

On ne peut parler d'une véritable estime de soi chez l'enfant avant l'âge de 7 ou 8 ans. En effet, les capacités intellectuelles des enfants d'âge préscolaire ne sont pas assez développées pour qu'ils puissent jeter un regard critique sur eux-mêmes et accéder à un véritable monologue intérieur. Le jeune enfant de 3 à 6 ans a encore une perception magique et naïve de soi; il ne peut analyser rétrospectivement et de façon critique ses actions passées de façon séquentielle, causale et logique.

La pensée du tout-petit est trop égocentrique pour qu'il puisse avoir une bonne conscience de lui-même. Cela n'empêche pas que l'enfant de cet âge a un concept de soi, c'est-à-dire une image de lui-même qui est liée à un passé très récent. Le concept de soi chez l'enfant d'âge préscolaire est limité à l'activité qu'il vient de vivre; il est circonscrit dans un temps récent ainsi que dans un espace précis. Ce concept prépare l'avènement de l'estime de soi.

Vers l'âge de 7 ou 8 ans, avec l'apparition de la pensée logique, l'enfant devient capable de récupérer les images de soi positives qui proviennent de ses expériences passées et de les intégrer afin de constituer l'estime de soi. De là l'importance de «favoriser» chez les tout-petits l'estime de soi dans le sens où l'on doit préparer l'apparition, vers 7 ou 8 ans, d'une bonne estime de soi.

De l'échec et de l'erreur

L'estime de soi se nourrit des succès que l'individu connaît au cours de ses activités. Personne ne peut s'actualiser et se développer en accumulant les échecs. Toutefois, il importe de tirer de chaque échec une leçon ou un enseignement afin de rassurer quelque peu l'individu sur sa valeur personnelle. Mais le souvenir de l'échec restera presque toujours présent.

En ce qui concerne l'erreur, on peut dire qu'elle est source d'actualisation et de développement personnel. Elle permet un réajustement, une régulation ou une modification des actions et de la pensée dans la poursuite d'un objectif. L'erreur, somme toute, est au service de l'adaptation. Aussi ne faut-il pas la confondre avec l'échec. L'erreur fait partie du processus normal de l'apprentissage tandis que l'échec est un résultat négatif qui consiste en la non-atteinte de l'objectif de l'apprentissage.

Pour vivre des succès

L'atteinte d'un objectif d'apprentissage est toujours valorisante et sert à développer l'estime de soi. La perception du succès varie toutefois d'un individu à l'autre. Elle est pour une bonne part subjective en ce sens qu'elle est tributaire des attentes, des ambitions, des valeurs et du degré de perfectionnisme de chacun.

Deux catégories d'individus éprouvent davantage de difficulté à développer une bonne estime de soi. La première catégorie regroupe les enfants, les adolescents et les adultes qui connaissent régulièrement des échecs et qui sont fréquemment déçus d'eux-mêmes. L'autre catégorie est celle des personnes trop ambitieuses et perfectionnistes qui atteignent des objectifs dont ils sous-évaluent l'importance; en effet, leurs ambitions sont très élevées et ils ne peuvent jamais les réaliser.

Les perfectionnistes, en particulier, n'acceptent aucune erreur et tout ce qu'ils entreprennent doit être parfait. Ces personnes trop exigeantes profitent rarement de leurs succès et éprouvent souvent de la déception envers elles-mêmes.

Cette dernière problématique permet de comprendre l'importance de proposer aux enfants des objectifs réalistes tout en ayant la certitude qu'ils sont capables de les atteindre. Il a été largement démontré que l'estime de soi est à la base de la motivation. En ce sens, un enfant ne peut espérer atteindre un objectif et vivre du succès s'il n'a pas la conscience de sa valeur personnelle. Autrement dit, l'enfant, pour connaître du succès, doit en avoir vécu dans son passé. C'est en s'appuyant sur le souvenir de ses succès passés que l'enfant est capable d'anticiper avec réalisme la possibilité de vivre un autre succès. Mais le souvenir de ses succès ne lui vient que si l'adulte lui a souligné au fur et à mesure ses réussites, que s'il a pris soin de réactiver fréquemment ce souvenir tout en proposant de nouveaux défis ou de nouveaux apprentissages. L'enfant puise dans ce souvenir l'espérance et l'énergie nécessaires pour persévérer dans ses efforts. Vivant des succès, il développe une fierté personnelle qui alimente son estime de soi. C'est le cycle dynamique de l'apprentissage où l'estime de soi constitue l'assise essentielle.

Des variations

L'estime de soi de toute personne varie de façon verticale. Elle n'est pas la même à 20 ans qu'à 40 ans. Il y a également une variation horizontale. En effet, comme l'estime de soi n'est pas du narcissisme, il est difficilement concevable qu'un individu puisse ressentir une bonne estime de soi dans tous les domaines de la vie. Le sentiment de la valeur personnelle varie donc selon qu'il s'agit du domaine corporel, social, artistique, scolaire, etc. En d'autres mots, un enfant peut avoir une bonne estime de soi dans le domaine des activités physiques où il se sent compétent et ressentir une estime de soi plus faible dans ses relations sociales, se sentant assez maladroit avec les autres.

L'estime de soi est très influencée par le degré d'importance qu'un individu et ses proches accordent aux diverses activités ainsi que par la fréquence des succès remportés dans chacune d'elles. Personne n'est également motivé et compétent dans tout ce qu'il entreprend. Il en est ainsi pour les enfants dont la motivation fluctue; leur développement se fait en dents de scie et selon un rythme qui est propre à chacun.

Pour toute personne, il n'y a rien de plus important que le sentiment d'être aimable. La conscience d'avoir une valeur personnelle permet de vivre une bonne estime de soi dans l'un ou l'autre des domaines de sa vie.

Un héritage éducatif

L'estime de soi se développe à tout âge. Il s'avère donc capital d'encourager la formation d'images positives chez les tout-petits et de veiller à l'émergence de la conscience d'une valeur personnelle. En favorisant l'estime de soi chez les moins de 6 ans, on procède à un investissement qui sera précieux pour prévenir efficacement les difficultés d'adaptation et d'apprentissage et pour embellir la vie.

Les tout-petits qui possèdent des images positives d'eux-mêmes peuvent manifester les attitudes et les habiletés suivantes :

➛ sécurité et détente;
➛ sentiment de confiance face aux adultes;
➛ sentiment de confiance face à leurs propres capacités;
➛ capacité de faire face à des événements nouveaux;
➛ capacité de se faire respecter;
➛ capacité d'affirmation personnelle et d'autonomie;
➛ capacité de se souvenir de leurs petits succès;
➛ motivation face à de nouveaux défis ou apprentissages;
➛ persévérance face aux difficultés;
➛ capacité de percevoir leurs qualités et leurs habiletés;
➛ capacité de percevoir leurs différences;
➛ capacité de percevoir et d'accepter les différences des autres;
➛ sentiment de bien-être dans les activités de groupe;
➛ capacité de régler pacifiquement des petits conflits sociaux;
➛ capacité d'imagination et de créativité;
➛ capacité d'initiative.

On ne peut s'attendre à ce que les enfants de 3 à 6 ans vivent continuellement tous ces sentiments et qu'ils manifestent toutes ces attitudes et toutes ces habiletés. Mais il n'en reste pas moins que c'est en favorisant chez eux une bonne estime de soi qu'ils en viendront plus sûrement à vivre ces sentiments et à mieux intégrer ces attitudes et ces habiletés.

En favorisant l'estime de soi des tout-petits, on les amène à avoir plus d'assurance en eux, à prévenir des difficultés d'adaptation et d'apprentissage et à vivre plus d'espoir. Il s'agit sans nul doute du plus grand héritage éducatif qu'on puisse leur donner.

Chapitre 2
LES BESOINS DES ENFANTS DE 3 À 6 ANS

Pour être en mesure d'aider les enfants de 3 à 6 ans à développer une bonne estime de soi, il importe de connaître leurs besoins de même que les défis qu'ils doivent relever durant cette période de la vie.

De façon générale, on peut dire que l'enfant de 3 à 6 ans passe de l'affirmation à l'âge de l'imaginaire*. Au cours des mois précédents, il a d'abord appris à s'affirmer en s'opposant, ce qui lui a permis de prendre une certaine distance par rapport aux adultes, ainsi qu'en faisant de petits choix personnels. Cela l'a amené à être plus volontaire et un peu plus autonome. C'est d'ailleurs en s'appuyant sur cette autonomie naissante qu'il peut passer maintenant à l'âge de l'imaginaire.

Cette période préscolaire se caractérise par un foisonnement de nouvelles activités qui sont dorénavant possibles étant donné que l'enfant possède une plus

---

* Pour une description détaillée de « l'âge de l'affirmation » et de « l'âge de l'imaginaire », voir G. Duclos, D. Laporte, J. Ross, *Les grands besoins des tout-petits*, Les éditions Héritage, Saint-Lambert, 1994.

grande maîtrise de son imagerie mentale. En effet, il est capable, vu son développement intellectuel et sa plus grande maturité affective, d'une représentation mentale plus évoluée; cela lui permet de faire des liens entre les choses, d'exprimer ses propres besoins et désirs ainsi que de résoudre certains conflits conscients ou inconscients. Il a le sentiment, grâce à une meilleure représentation mentale qui nourrit dorénavant son monde imaginaire, de prendre possession des choses qu'il imagine et, ayant le pouvoir de les conserver mentalement, d'exercer un contrôle sur elles. Ce monde imaginaire devient très important, parfois même envahissant, et on observe chez l'enfant une prédominance de la subjectivité sur l'objectivité. Ce qui explique en grande partie l'intérêt qu'il porte aux comptines et aux histoires.

Raffolant de rituels et de formules magiques qui lui procurent autant de plaisir que d'angoisse, il découvre le pouvoir des images mentales. Doté d'une imagination débordante, il tente d'apprivoiser le monde par des jeux symboliques tout en apprenant à faire de nouveaux apprentissages. Son jugement devient graduellement plus nuancé et plus ouvert aux opinions des autres; cela se manifeste au fur et à mesure qu'il noue des relations avec des adultes et de petits camarades qu'il admire et auxquels il s'identifie.

Le rôle des adultes significatifs

Entre 3 et 6 ans, la pensée magique amène l'enfant à considérer les adultes de son entourage comme de véritables héros. Il leur attribue un pouvoir absolu et il considère que leurs gestes et leurs paroles ont force de loi : « Mon éducatrice l'a dit, bon ! » Cette pensée hétéronome se manifeste par rapport à toutes les figures d'autorité : direction d'école, policier, pompier, etc. On constate que les paroles et les attitudes de l'adulte à son égard influencent grandement son estime de soi. Ainsi, quand son éducatrice le félicite et l'encourage, l'enfant a une bien meilleure opinion de lui-même. Le contraire est tout aussi vrai. Des propos humiliants ou des sarcasmes peuvent anéantir son image de soi. Le pouvoir qu'a l'éducatrice est immense et on comprend bien qu'il ne doit être utilisé que pour souligner les forces de l'enfant.

L'éducatrice joue également un rôle central pour guider le tout-petit vers une perception plus objective de la réalité. Tout en évitant de le ridiculiser lorsqu'il transforme la réalité avec ses fabulations et ses exagérations, elle peut souligner l'originalité de ses images et de ses idées et lui rappeler, mais sans le blâmer, la réalité objective. Ainsi, l'enfant apprend que l'imaginaire est un monde valorisé dans lequel il lui est tout à fait permis d'accéder, mais que la réalité est différente.

L'enfant se sent alors respecté dans ses activités mentales, créatrices et intellectuelles, et il prend conscience en même temps du caractère inéluctable du réel.

La période qui s'échelonne de 3 à 6 ans est celle des tentatives de séduction par lesquelles l'enfant cherche principalement à séduire l'adulte de sexe opposé. Nous sommes ici en plein conflit œdipien, en pleine découverte de l'identité sexuelle. Il est donc très important que l'éducatrice reconnaisse les tentatives de séduction, qu'elle les accepte et qu'elle souligne au petit garçon qu'il est aimable et charmant, mais qu'elle l'aime comme un petit garçon et non pas comme un amoureux. Une telle attitude rassure l'enfant sur sa capacité de séduction et augmente son estime de soi. La petite fille de cet âge cherche à imiter son éducatrice comme modèle d'identification et d'initiation au monde féminin. Aussi l'éducatrice doit-elle l'encourager et valoriser ses tentatives d'identification. Cette attitude confirme la petite fille dans sa valeur.

Il est tout à fait normal que l'enfant de cet âge cherche parfois à manipuler l'adulte pour obtenir des satisfactions immédiates. On doit reconnaître ces tentatives de manipulation et ne pas les juger mauvaises ou répréhensibles. En effet, l'éducatrice doit même accepter qu'il y ait une certaine forme de manipulation, mais ne jamais avoir l'impression de perdre le contrôle de la situation. Une attitude de souplesse mêlée de fermeté rassure l'enfant sur sa capacité d'avoir un certain pouvoir sur l'adulte. Cela n'empêche pas qu'il faut être absolument ferme à certains moments sur des valeurs ou des règles de premier plan. C'est de cette façon, grâce à une éducation basée sur la cohérence, la stabilité, la fermeté et la souplesse, que l'enfant fera le passage du principe de plaisir au principe de réalité.

Il importe de s'attarder un moment sur la question du langage des enfants. À l'âge de l'imaginaire, ceux-ci, en règle générale, ont un langage bien développé. Par contre, quelque 15 p. cent d'entre eux éprouvent des difficultés d'articulation et d'expression. Malgré ces difficultés, ces derniers cherchent naturellement à s'exprimer et à se faire comprendre et il faut prendre le temps de les écouter réellement. Dans le cas contraire, ils peuvent facilement se sentir dévalorisés.

Au cours de cette période de vie, les enfants développent, à partir d'une curiosité d'abord sexuelle, un vif intérêt intellectuel qui les amène bientôt à s'interroger sur la nature des choses, sur les phénomènes et leurs fonctions. C'est l'âge des pourquoi. Le fait de répondre à ses questions inlassables démontre à l'enfant qu'on accorde de l'importance à ses interrogations et que la curiosité et les apprentissages spontanés sont permis et même valorisés.

Une éducatrice a souvent la charge de tout un groupe d'enfants du même âge et elle peut difficilement entretenir des rapports individuels continus avec chacun. Il n'en demeure pas moins que chaque enfant a besoin de vivre une relation individualisée avec son éducatrice. Mais cela ne signifie pas qu'il faille accorder une attention exclusive à chaque enfant. Cela veut dire plutôt que l'éducatrice doit faire naître chez tout enfant le sentiment qu'il est important à ses yeux — même s'il est membre d'un groupe — et qu'il a un statut privilégié du fait qu'il est unique. Cette relation individualisée se manifeste de plusieurs façons et à plusieurs moments : quand l'éducatrice sourit à l'enfant, quand elle lui met la main sur l'épaule ou quand elle lui caresse les cheveux. Quand l'éducatrice lui sourit, l'enfant se dit : « Elle n'a souri qu'à moi, je suis donc important pour elle. » Ces gestes et ces paroles simples, qui s'adressent directement à l'enfant, augmentent le sentiment de sa valeur personnelle.

L'importance des petits camarades

L'égocentrisme de l'enfant de cet âge est tout à fait normal. Son développement intellectuel ne lui permet pas encore de différencier son point de vue de ceux des autres. Il est centré sur un seul point de vue, le sien, et il est tellement occupé à ses propres besoins et désirs immédiats qu'il ne peut pas considérer vraiment ceux des adultes et de ses camarades.

Les enfants de cet âge ne coopèrent pas vraiment; ils font surtout des co-opérations. Pour s'en convaincre, il suffit d'observer deux enfants de 4 ans dans un carré de sable. On constate qu'ils jouent l'un à côté de l'autre, de façon parallèle, mais pas ensemble. C'est chacun pour soi. On ne peut donc pas faire vivre à ces tout-petits de véritables activités de coopération. Celles-ci demandent, en effet, qu'on se décentre de soi et qu'on puisse faire cohabiter nos désirs et nos idées avec ceux des autres dans la poursuite d'un projet commun.

Toutefois, cette période est celle où se produisent de nombreux apprentissages d'habiletés pro-sociales qui préparent la socialisation. Dans sa recherche d'identification ou d'identité personnelle, l'enfant a tendance à imiter et à se conformer aux comportements de la personne qu'il admire, qu'il s'agisse d'un adulte ou d'un autre enfant. En effet, un autre enfant peut lui servir de modèle. De façon plus précise, l'enfant a besoin d'entretenir des relations privilégiées avec au moins un ami. Il s'identifie à ce dernier, il intériorise peu à peu ses traits de caractère, y compris ses limites, et il construit progressivement sa propre image de soi.

L'éducatrice joue un rôle central dans l'apprentissage des habiletés pro-sociales en favorisant régulièrement des activités nécessitant la communication et la collaboration entre les enfants. Dans cette perspective, il est important qu'elle arrête fermement les comportements destructeurs, hostiles ou antisociaux et qu'elle aide régulièrement l'enfant à se décentrer peu à peu de son point de vue pour tenir compte de la présence de l'autre. Pour y arriver, des activités de partage doivent être planifiées ainsi que des projets collectifs. De plus, l'éducatrice doit montrer au tout-petit à communiquer et, en particulier, lui apprendre à écouter. Écouter, doit-elle expliquer, c'est regarder l'autre quand il parle, observer son comportement non verbal, décoder le sens de ses paroles et poser des questions quand on n'a pas compris. Il importe aussi qu'elle lui enseigne comment s'exprimer clairement, c'est-à-dire comment mettre des mots sur ses idées, ses besoins et ses sentiments.

Dans les micro-sociétés que sont les groupes d'enfants, les conflits relationnels sont inévitables. Il faut donc faire apprendre des stratégies de résolution de conflits qui ne font ni gagnant ni perdant. À cet effet, l'éducatrice doit expliquer des façons acceptables d'exprimer besoins et sentiments; elle doit aussi montrer comment négocier et comment partager. Le respect de soi et de l'autre est une valeur fondamentale que l'éducatrice doit transmettre par ses attitudes et ses moyens éducatifs. Ce n'est qu'au terme d'un long apprentissage que l'enfant pourra intégrer cette valeur et, par voie de conséquence, faire éclater son égocentrisme au profit d'une conscience sociale.

Au sujet des apprentissages

L'âge de l'imaginaire se caractérise par une grande évolution des capacités intellectuelles. En effet, la représentation mentale et les opérations intellectuelles qui s'acquièrent durant cette période deviennent de puissants instruments d'apprentissage. L'enfant a dorénavant accès à un monde nouveau de connaissances, à tout un domaine symbolique et intellectuel qui dépasse les réalités concrètes et immédiates. Il est maintenant capable de se représenter mentalement les choses et les événements et d'agir par la pensée pour les comprendre tout en développant graduellement son jugement personnel.

Un monde nouveau d'apprentissages s'ouvre à l'enfant et celui-ci y accède surtout par le jeu. Les jeux purement moteurs (courir, grimper, sauter, etc.), les jeux symboliques (représenter un objet ou une personne par autre chose, faire semblant de... , etc.), les jeux de construction (casse-tête, encastrement, LEGO, etc.) et les jeux de règles (jeux éducatifs et de socialisation avec procédures et règles) jalonnent son développement. À l'âge de l'imaginaire, ils permettent de réaliser une multitude d'apprentissages et d'acquérir de nouvelles habiletés et connaissances.

Il faut recourir aux activités ludiques pour développer la fierté des enfants et favoriser leur estime de soi. C'est ainsi que l'éducatrice a pour tâche primordiale de donner des feed-back positifs réguliers aux enfants; à tous ceux qui parviennent à de nouvelles habiletés motrices ou corporelles, à ceux qui font preuve d'imagination dans leurs jeux symboliques, à ceux qui manifestent de la créativité ou de l'ingéniosité dans leurs constructions et à ceux qui comprennent et exécutent bien les consignes dans les jeux éducatifs. De façon complémentaire mais nécessaire, il faut réactiver souvent, par la parole ou par le recours à des procédés comme la photographie ou le dessin, les petits succès que les enfants vivent au cours des activités. C'est de cette façon qu'ils peuvent garder en mémoire le souvenir de leurs succès ou acquérir la conscience de leur valeur personnelle.

Les motivations et le rythme de développement propres à chaque enfant doivent absolument être respectés. Il faut éviter le piège des apprentissages trop précoces; ceux-ci n'ont rien à voir avec les besoins réels des tout-petits et ne sont souvent qu'une réponse au narcissisme et au besoin de fierté des adultes. En imposant des programmes d'apprentissage trop précoces, on brusque les rythmes développementaux des enfants tout en leur faisant vivre un stress indu. On tue le plaisir d'apprendre, on suscite une rigidité intellectuelle et on réduit la créativité en bloquant la vie imaginaire.

Si on accorde trop d'importance aux objectifs pédagogiques, on fait savoir en quelque sorte à l'enfant qu'on l'apprécie surtout pour ce qu'il fait et non pas pour ce qu'il est. Pour favoriser son estime de soi, il faut s'attacher surtout à sa démarche ou à son processus d'apprentissage plutôt qu'au résultat atteint. Ainsi, quand un enfant n'obtient pas le résultat prévu, on doit prendre le temps de lui expliquer que ce n'est pas lui comme personne qui est en cause mais les moyens et les stratégies qu'il a utilisés. En accordant le droit à l'erreur, on se place en position de dédramatiser les situations et de faire comprendre qu'il ne s'agit pas d'un échec personnel.

Les enfants de l'âge de l'imaginaire, de la période qui s'étend de 3 à 6 ans, doivent apprendre à se comporter comme de véritables *apprentis sages*. On doit les amener à être des petits expérimentateurs qui acceptent de faire des erreurs et qui s'appuient sur elles pour développer d'autres moyens de réussir. Par cette approche, on les aide à acquérir une régulation et une souplesse de la pensée. Ce n'est pas une tâche facile, car la majorité des enfants de moins 5 ans manifestent souvent une forte rigidité intellectuelle. En effet, ils ont peine à concevoir qu'ils ont commis une erreur et sont convaincus de toujours utiliser le bon moyen. La pensée égocentrique de l'enfant de cet âge l'empêche souvent de modifier, d'ajuster ou de corriger ses moyens et ses actions. Il est d'autant plus important de refléter à l'enfant la réalité objective, mais sans le blâmer et le déprécier et tout en préservant son amour-propre et sa fierté.

On favorise également l'estime de soi du tout-petit quand on l'encourage à être autonome et quand, par exemple, on lui fait faire le choix de certains moyens ou de certaines activités tout en lui confiant des responsabilités à sa mesure. En soutenant l'enfant dans sa créativité et dans ses initiatives personnelles, dans ce qu'il « ose faire » et dans ce qu'il « ose dire », on lui fait acquérir beaucoup de confiance et on fait éclater certaines de ses inhibitions. Entre 3 et 6 ans, les tout-petits disposent d'un riche imaginaire qu'il ne faut pas inhiber par l'obsession de la performance, par des règles d'apprentissage prédéterminées et imposées ainsi que par des résultats « attendus ». L'imaginaire de l'enfant doit pouvoir s'exprimer. Mais l'enfant doit aussi être amené à distinguer l'imaginaire du réel.

Les attitudes favorables ou défavorables à l'estime de soi

Voici en résumé les principales attitudes favorisant ou non l'estime de soi des tout-petits.

Attitudes favorisant l'estime de soi	Attitudes défavorisant l'estime de soi
• Refléter la réalité objective	• Humiliation et sarcasmes
• Accepter les tentatives de séduction	
• Valoriser les tentatives d'imitation et d'identification	
• Accepter des tentatives de manipulation	
• Attitude ferme et souple dans la discipline	• Rigidité excessive
• Transmettre le principe de réalité	
• Prendre le temps d'écouter l'enfant	• Projeter tous les torts sur l'enfant
• Répondre aux questions de l'enfant	• Interrompre les propos de l'enfant ou changer de sujet
• Établir une relation individualisée par une variété de petits gestes	
• Favoriser des activités de communication	
• Montrer à l'enfant comment écouter	
• Montrer à l'enfant comment s'exprimer	

Attitudes favorisant l'estime de soi	Attitudes défavorisant l'estime de soi
• Favoriser des activités de partage et des projets collectifs	
• Aider l'enfant à tenir compte des autres	
• Arrêter les comportements antisociaux	
• Enseigner des stratégies de résolution de conflits	
• Favoriser les activités ludiques	
• Donner des feed-back positifs sur les nouvelles habiletés	
• Réactiver le souvenir des petits succès	
• Respecter les motivations de l'enfant	
• Respecter le rythme développemental de l'enfant	• Imposer des apprentissages précoces
• Accorder plus d'importance à la démarche d'apprentissage qu'à ses résultats	• Comparer l'enfant au groupe
• Accorder le droit à l'erreur	
• Dédramatiser les erreurs	
• Favoriser la souplesse de la pensée	• Blâmer ou déprécier le raisonnement prélogique de l'enfant
• Encourager l'autonomie	
• Encourager le sens des responsabilités	
• Favoriser les initiatives	• Prouver qu'on a raison
• Favoriser la créativité	
• Souligner l'originalité des images et des idées de l'enfant	

Les attitudes favorables à l'estime de soi permettent de développer graduellement chez le tout-petit un sentiment de confiance, une connaissance de soi, un sentiment d'appartenance et un sentiment de réussite.

Si le tout-petit est persuadé que les personnes de son entourage attachent de l'importance à ce qu'il est et lui accordent de la valeur, il intégrera peu à peu une image de soi positive, il s'estimera davantage et se considérera bientôt avec fierté. Plus tard, il pourra puiser dans ce précieux trésor pour se donner de l'espoir et surmonter les difficultés qu'il ne manquera pas de rencontrer.

Chapitre 3
DÉVELOPPER UN SENTIMENT DE CONFIANCE

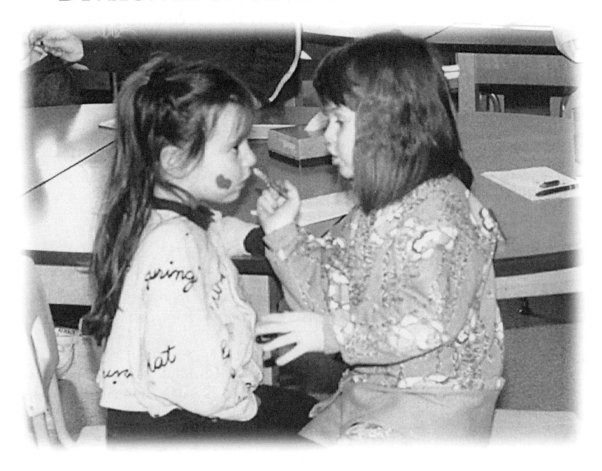

La confiance est une attitude fondamentale de l'être humain. Elle se développe chez le tout-petit grâce à la relation d'attachement avec les parents. Celle-ci procure le sentiment de sécurité qui est nécessaire à l'éclosion de la confiance.

Si l'on se réfère à la pyramide des besoins universels élaborée par Abraham Maslow, on constate que le besoin de sécurité physique et psychologique se situe en deuxième place dans la hiérarchie des besoins de base chez l'être humain et suit immédiatement les besoins vitaux ou de survie (être nourri, logé et habillé convenablement).

Tous les parents sont conscients de la nécessité de faire vivre à leurs enfants un sentiment de sécurité physique. Par exemple, quand un parent doit choisir un milieu éducatif, il se préoccupe d'abord de cet aspect et il s'assure que la surveillance sera adéquate et qu'il n'y a pas de danger de blessures physiques ou de maladies. Instinctivement, il veut garantir la sécurité physique de son enfant. Puis, grâce à la régularité des soins qu'on lui prodigue et à la stabilité des adultes autour de lui, l'enfant en arrive peu à peu à vivre un sentiment de sécurité psychologique qui se transforme graduellement en attitude de confiance.

Le développement d'un sentiment de confiance est également favorisé par le fait que l'enfant vit des délais entre l'expression de ses besoins et leur satisfaction. Mais parce que son besoin est satisfait malgré une attente évidemment frustrante, il perçoit l'adulte qui lui prodigue des soins comme une personne fiable et digne de confiance. Par la répétition de ces expériences de fiabilité au cours desquelles l'adulte tient ses promesses, l'enfant en vient à intégrer un véritable sentiment de confiance

Voyons maintenant les facteurs qui favorisent un sentiment de confiance dans un milieu éducatif.

L'ORGANISATION DU MILIEU

Le milieu doit être organisé et géré de manière à répondre en premier aux besoins de sécurité et de confiance des tout-petits. Pour cela, les conditions suivantes doivent être remplies.

Sécurité physique. Le milieu doit garantir la sécurité physique des petits. On doit voir à ce que les enfants soient toujours en présence d'un adulte et qu'il n'y ait pas, dans la cour de récréation, dans les espaces communs et dans les locaux destinés aux activités, d'éléments susceptibles de les blesser. La salubrité et l'éclairage doivent être adéquats. Le ministère de la Famille et de l'Enfance et les commissions scolaires sont chargés de faire respecter les mesures de sécurité physique.

Stabilité du personnel. Il est important pour l'enfant que, dans la mesure du possible, ce soit toujours les mêmes adultes qui s'occupent de lui afin que se tisse une relation d'attachement et de complicité. Si les éducatrices changent trop souvent, si les valeurs, les habitudes et les humeurs varient trop, l'enfant développe un sentiment d'insécurité et son attitude de confiance faiblit.

Stabilité dans le temps. Il est très important que la vie de l'enfant se déroule selon un horaire régulier et sans changements impromptus. C'est grâce à cette régularité que le tout-petit parvient à se représenter mentalement la succession temporelle et qu'il peut prévoir ce qui survient avant et après telle ou telle activité. Quand il peut anticiper ce qui survient *après*, il est rassuré et confiant. L'horaire des activités de la journée doit être affiché sous forme de symboles, dans un ordre qui va de la gauche vers la droite, comme en lecture. L'enfant découvre peu à peu que ce qui est à gauche d'une activité se situe *avant* cette activité alors que ce qui est à droite survient *après*. Il peut ainsi coordonner l'espace et le temps.

Stabilité dans les routines et les procédures. Les tout-petits sont très conservateurs. Les routines et les procédures sont des façons de faire ou des habitudes qu'on adopte; il peut s'agir de s'asseoir en cercle dans le local lors de l'arrivée le matin, d'attendre son tour au repas, etc. Un trop grand nombre de changements dans ces rituels provoque de l'insécurité chez l'enfant et réduit sa confiance.

Stabilité dans l'espace. Le tout-petit a besoin de repères spatiaux stables pour s'orienter, s'organiser et se sécuriser. On doit donc utiliser le plus possible les mêmes locaux. Ceux-ci doivent avoir une superficie adéquate, car les espaces trop restreints occasionnent des interactions agressives et créent de l'insécurité. Il est important que chaque enfant puisse profiter d'un espace personnel stable.

LES ATTITUDES ÉDUCATIVES

Les milieux éducatifs sont plus portés à réprimer les comportements négatifs qu'à favoriser les comportements positifs. Pour changer cette situation, il suffit d'appliquer le principe des 3 R : Récompense, Réparation et Rachat.

Par ce principe, l'accent est mis sur la récompense des comportements positifs, sur le droit qu'a l'enfant de réparer une parole ou un acte négatif et sur l'occasion qu'on lui donne de racheter par des comportements positifs un privilège perdu. Cette façon de voir la discipline et l'éducation favorise l'estime de soi des enfants par le fait qu'elle les incite à adopter systématiquement des comportements positifs qui les valorisent.

En plus de cette philosophie éducative, l'éducatrice doit adopter des attitudes susceptibles de créer un sentiment de sécurité et de confiance chez les tout-petits.

Fiabilité. L'éducatrice doit tenir les promesses qu'elle fait aux enfants. De plus, le tout-petit doit être assuré qu'il peut compter sur elle quand il a besoin d'aide ou quand il se sent menacé, que les agressions soient réelles ou imaginaires.

Sécurité intérieure et confiance en ses capacités éducatives. L'éducatrice doit développer sa propre sécurité et sa propre confiance en ses capacités éducatives pour pouvoir transmettre ces sentiments aux enfants qui, autrement, seront anxieux. Si elle manque de sécurité et de confiance, l'éducatrice doit entreprendre une démarche personnelle pour améliorer son estime de soi. Sécurité et confiance sont des sentiments contagieux !

Stabilité d'humeur. L'éducatrice, comme tout un chacun, n'est pas d'humeur toujours égale. Cependant, des changements trop brusques dans son expression émotive et dans ses réactions provoquent de l'insécurité chez les enfants. La confiance de ces derniers ne s'accommode vraiment que de comportements assez prévisibles.

Stabilité dans les attentes. Les exigences de l'éducatrice en ce qui concerne la qualité et la quantité des productions des tout-petits doivent rester sensiblement les mêmes sous peine de créer de l'insécurité.

Des règles de conduite qui soient :

Claires, c'est-à-dire qui s'appuient sur des valeurs éducatives claires à transmettre aux enfants comme, par exemple, le respect de soi et des autres et de l'environnement.

Concrètes, c'est-à-dire établies en fonction de comportements concrets et positifs escomptés. De plus, les règles doivent être réalistes, c'est-à-dire que les enfants doivent avoir les capacités de les respecter.

Constantes, c'est-à-dire que leur application ne doit pas varier en fonction de l'humeur de l'éducatrice. Des règles constantes sont à la base de toute attitude de fermeté.

Congruentes, en ce sens que l'éducatrice doit témoigner par l'exemple et agir elle-même en fonction des valeurs qu'elle veut transmettre aux tout-petits.

Conséquentes, c'est-à-dire liées étroitement et logiquement aux actes répréhensibles. La conséquence doit viser à réparer une parole ou un acte inacceptable.

Réductrices de stress, c'est-à-dire susceptibles d'éliminer le plus possible les stresseurs qui affectent les comportements des tout-petits. Ainsi, l'éducatrice devrait pouvoir suggérer aux enfants des stratégies de gestion ou de réduction du stress.

LES SIGNES OBSERVABLES D'UN SENTIMENT DE CONFIANCE

Le tout-petit qui vit un bon sentiment de confiance manifeste la majorité des attitudes et des comportements suivants :

- Il est détendu physiquement
- Il est capable d'accepter les contacts physiques
- Il est capable d'accepter un contact visuel
- Il est capable de demeurer calme face à une blessure physique
- Il est capable de demeurer calme face à un malaise physique
- Il est capable d'accepter qu'il y ait des délais
- Il est capable d'anticiper du plaisir
- Il est capable de réagir positivement à une nouveauté
- Il est capable de prendre des risques calculés
- Il est capable de représentation mentale du temps
- Il est capable de comprendre et d'accepter le sens des règles
- Il est capable de répondre positivement aux règles

LES OBJECTIFS SPÉCIFIQUES

1. Amener les tout-petits à prendre conscience des éléments qui favorisent un sentiment de confiance.

2. Les amener à bien comprendre l'importance des routines et des procédures.

3. Les amener à identifier les règlements qui régissent ou définissent les comportements attendus.

4. Les amener à comprendre le sens de chacun des règlements.

5. Amener les enfants à prendre conscience des conséquences de leurs comportements.

LES ACTIVITÉS VISANT À FAVORISER UN SENTIMENT DE CONFIANCE *

Les activités proposées ici pour favoriser un sentiment de confiance s'adressent à l'ensemble des enfants qui ont entre 3 et 6 ans. La décision de ne pas les diviser par groupes d'âge a été prise afin d'éviter de cloisonner le processus de développement de l'estime de soi. En effet, ce processus doit être perçu comme une continuité fonctionnelle dans les apprentissages de *savoir être* et non de *savoir faire*, et cela indépendamment des âges.

Chaque éducatrice est donc libre de choisir les activités qu'elle veut réaliser. Elle se fondera, pour ce faire, sur sa connaissance des rythmes de développement des enfants dont elle a la charge éducative ainsi que sur celle du milieu éducatif dans lequel elle évolue. Il lui est également possible, si elle le désire, de déterminer l'ordre dans lequel ces activités seront faites ainsi que leur fréquence.

Pour établir l'ordre actuel des activités, nous avons d'abord tenu compte de l'enfant, de ce qu'il est et de son vécu, et ensuite de son environnement, c'est-à-dire de sa famille et du milieu éducatif dont il fait partie.

Les activités sont destinées à stimuler le développement de l'estime de soi qui est d'abord fondé sur les attitudes éducatives.

---

* Voir les annexes 1, 2 et 3 avant de commencer les activités :

Annexe 1 • Au sujet de l'animation des activités (page 107)

Annexe 2 • Petit lexique relatif aux activités (page 110)

Annexe 3 • Les dessins (pages 112 et 113)

TITRE DE L'ACTIVITÉ :
JE T'AIME GROS COMME LE CIEL

SENTIMENT VISÉ DOMINANT :
CONFIANCE

AUTRE SENTIMENT VISÉ :
RÉUSSITE

OBJECTIF	MATÉRIEL	DÉROULEMENT
Amener l'enfant à prendre conscience des sentiments qu'il éprouve envers certaines personnes de son entourage.	• Livre de conte traitant de l'amour parental* • Cœur de papier • Bouts de laine • Crayons de couleur	**• Mise en situation** Introduire l'activité par le conte choisi. **• Causerie** Amorcer l'activité en posant diverses questions. « Dis-moi qui est important pour toi. » « Donne le nom de quelqu'un que tu aimes beaucoup. » « Pourquoi cette personne est-elle importante à tes yeux ? » **• Réalisation** L'enfant dessine, sur un cœur de papier, quelqu'un de très important pour lui. Ensuite, il fait passer un bout de laine de façon à faire un cadre tout autour du cœur. Les dessins sont exposés pour le reste de la journée avant d'être remis aux enfants qui pourront les offrir à la personne de leur choix. **• Rétroaction** Dire à l'enfant à quel point son dessin est beau et donner les raisons de cette appréciation (les couleurs, les formes, etc.).

* Ex. : Collection «Zunik», Bertrand Gauthier, Éd. la courte échelle, 1984.

31

TITRE DE L'ACTIVITÉ :
MA MAISON

SENTIMENT VISÉ DOMINANT :
CONFIANCE

AUTRE SENTIMENT VISÉ :
CONNAISSANCE DE SOI

OBJECTIFS

Amener l'enfant à prendre conscience des caractéristiques de son milieu familial.

L'amener à mémoriser son adresse et son numéro de téléphone.

MATÉRIEL

- Livre de conte traitant du thème de l'habitation

- Feuilles à dessin et crayons de couleur

- Dessin # 1 - « Dans ma chambre, il y a... » *(une copie par enfant)* - p. 112

DÉROULEMENT

- **Mise en situation**
  Organiser d'abord une marche-collation dans un parc. Animer la marche en faisant observer aux enfants les différences entre les maisons qui bordent le parc.

  Au retour, introduire l'activité par le conte choisi.

- **Causerie**
  Par diverses questions, amener l'enfant à s'exprimer :
  « Qui habite dans ta maison ? »
  « Qu'est-ce que tu aimes le plus dans ta maison ? »
  « Est-ce que tu connais ton adresse, ton numéro de téléphone ? »

- **Première étape de réalisation**
  Chaque enfant dessine sa maison.

- **Deuxième étape de réalisation**
  L'enfant dessine sa chambre à coucher. Puis, il découpe les éléments du dessin (« Dans ma chambre, il y a... ») qui ressemblent le plus à ceux de sa chambre, et il les colle sur son dessin.

- **Rétroaction**
  Dire à chaque enfant pourquoi on aime son dessin. S'assurer qu'il a bien mémorisé son adresse et son numéro de téléphone et le féliciter.

32

TITRE DE L'ACTIVITÉ :
UNE MAISON ENCHANTÉE

 **SENTIMENT VISÉ :**
CONFIANCE

 **AUTRE SENTIMENT VISÉ :**
APPARTENANCE

OBJECTIF	MATÉRIEL	DÉROULEMENT
Amener l'enfant à prendre conscience des caractéristiques de son milieu éducatif.	• Mascotte • Papier de bricolage • Ciseaux • Colle	**• Causerie** Amener chaque enfant à parler de sa maison : « Ma maison se trouve au ... , ma chambre est située ... , mon endroit préféré est ... ». Etc. **• Réalisation** Suggérer aux enfants de fabriquer une maison pour la mascotte du groupe (une abeille, par exemple). Cette maison peut être une fleur géante dont chaque pétale représente un enfant du groupe. Par la suite, chacun choisirait l'endroit où placer son pétale autour du cœur de la fleur. **• Rétroaction** Dire à chaque enfant qu'on aime bien la façon dont il a fabriqué son pétale, le féliciter du choix de l'endroit où il l'a placé et lui souligner que cet endroit lui est maintenant réservé.

33

TITRE DE L'ACTIVITÉ :
MON COIN DE RÊVE

SENTIMENT VISÉ :
CONFIANCE

OBJECTIF

Amener l'enfant à identifier les endroits où il se sent bien.

MATÉRIEL

- Grandes pièces de tissu (draps, couvertures, etc.)
- L'animal en peluche ou l'objet préféré de l'enfant
- Pinces à linge
- Musique douce.

DÉROULEMENT

- **Mise en situation**
  Les enfants forment des équipes de quatre.

- **Première étape de réalisation**
  Chaque équipe se fabrique un petit coin de rêve à l'aide de pièces de tissu et des pinces à linge.

  Une fois installés dans cette maison de rêve, ils peuvent jouer ensemble avec leurs objets préférés.

- **Deuxième étape de réalisation**
  Chaque équipe visite le coin de rêve des autres équipes.

- **Causerie**
  Les enfants se mettent en cercle. Ils décrivent à tour de rôle le coin qu'ils ont préféré et ils disent pourquoi.

- **Rétroaction**
  Dire un mot sur chaque coin de rêve. Expliquer ce qui nous plaît, ce qu'on aime particulièrement, etc.

TITRE DE L'ACTIVITÉ :
LA MAISON SENS DESSUS DESSOUS
Les règles de vie du milieu familial

SENTIMENT VISÉ DOMINANT :
CONFIANCE

AUTRE SENTIMENT VISÉ :
APPARTENANCE

OBJECTIF	MATÉRIEL	DÉROULEMENT
Amener l'enfant à prendre conscience des règles de vie à la maison.	Livre de conte où apparaissent les règles d'un milieu familial	**• Mise en situation** Introduire l'activité par le conte choisi. **• Causerie** Par diverses questions, amener l'enfant à prendre conscience des règlements qui existent dans sa famille. « Qu'est-ce que tu peux faire et qu'est-ce que tu ne peux pas faire à la maison ? » « Dois-tu rester assis à la table pendant les repas ? » « Y a-t-il à la maison des choses ou des outils que tu ne peux pas utiliser ? » Trouver les raisons qui expliquent les règles de vie à la maison. Associer les enfants à la démarche. **• Rétroaction** Dire à chaque enfant qu'on apprécie qu'il respecte les règles de vie de son milieu familial et le féliciter de l'autonomie dont il fait preuve.

TITRE DE L'ACTIVITÉ :
JE SUIS CAPABLE DE PARLER SANS CRIER
NI PLEURNICHER - I
Une règle de vie du milieu éducatif

SENTIMENT VISÉ DOMINANT :
CONFIANCE

AUTRE SENTIMENT VISÉ :
APPARTENANCE

OBJECTIF	MATÉRIEL	DÉROULEMENT
Amener l'enfant à s'exprimer de façon adéquate.	 • Dessin # 2 - « Je suis capable de parler sans crier ni pleurnicher » *(une copie par enfant)* - p. 112 • Affiche fabriquée à partir de ce dessin • Crayons de couleur	• **Mise en situation** Rassembler les enfants pour la causerie en parlant fort. • **Causerie** Questionner les enfants de façon à les aider à comprendre cette règle. « Aimez-vous ça lorsque je crie ? » « Qu'est-ce qui se passerait si tous les enfants criaient ? » « Que faut-il faire pour se comprendre facilement ? » « Pourquoi avons-nous cette règle ? » • **Réalisation** Après avoir expliqué le dessin, laisser chaque enfant le colorier. • **Rétroaction** Appeler chaque enfant par son nom et le féliciter d'avoir bien compris cette règle de vie. Dire ce qu'on aime dans son coloriage.

36

TITRE DE L'ACTIVITÉ :
JE SUIS CAPABLE DE PARLER SANS CRIER NI PLEURNICHER - II
Une règle de vie du milieu éducatif

❤ **SENTIMENT VISÉ DOMINANT :**
CONFIANCE

❤ **AUTRE SENTIMENT VISÉ :**
APPARTENANCE

OBJECTIFS	MATÉRIEL	DÉROULEMENT
Amener l'enfant à s'exprimer adéquatement. L'amener à découvrir des attitudes pro-sociales.	• Mascotte : un dragon recouvert d'épines • Gommettes • Macaron représentant la consigne à respecter : « Je suis capable de parler sans crier ni pleurnicher »	• **Mise en situation** Coller sur le dragon un gros macaron représentant la consigne à respecter afin d'aider l'enfant à la visualiser. Illustrer cette consigne en jouant à la personne qui s'exprime de façon inadéquate. Exemples : Crier au lieu de parler. Pleurnicher au lieu de parler. Parler avec une petite voix éteinte. • **Causerie** Demander aux enfants ce qui les a empêchés de bien comprendre. Expliquer de plus qu'on peut se sentir seul et qu'on peut aussi fatiguer les gens qui nous entourent si on ne se fait pas bien comprendre, si on ne parle pas de façon adéquate. Demander à chaque enfant de s'engager à essayer de parler sans crier ni pleurnicher. Chaque enfant qui s'engage à le faire reçoit une gommette qu'il colle sur l'épine du dragon qui lui est réservée. • **Rétroaction** Appeler chaque enfant par son nom et le féliciter d'avoir réussi à respecter cette règle de vie.

37

TITRE DE L'ACTIVITÉ :
JE SUIS CAPABLE DE MARCHER SANS
COURIR - I
Une règle de vie du milieu éducatif

SENTIMENT VISÉ DOMINANT :
CONFIANCE

AUTRE SENTIMENT VISÉ :
APPARTENANCE

OBJECTIFS	MATÉRIEL	DÉROULEMENT
Amener l'enfant à respecter une règle de sécurité physique. L'amener à développer son autonomie.	• Dessin # 3 - « Je suis capable de marcher sans courir » *(une copie par enfant)* - p. 113 • Affiche fabriquée à partir de ce dessin • Crayons de couleur	• **Mise en situation** Mimer la situation suivante : on place un jouet au sol, on se met à courir, on trébuche et on tombe. • **Causerie** Après le jeu de mime, questionner les enfants pour les aider à comprendre cette règle. « Est-ce que c'est une bonne idée de courir dans le local ? » « Que peut-il arrivé si on court dans le local ? » « Si ce n'est pas une bonne idée de courir, qu'est-ce qu'on peut faire ? » « Pourquoi avons-nous cette règle ? » • **Réalisation** Après avoir expliqué le dessin, laisser chaque enfant le colorier. • **Rétroaction** Appeler chaque enfant par son nom et le féliciter d'avoir bien compris cette règle de vie. Dire ce qu'on aime dans son coloriage.

38

SENTIMENT VISÉ DOMINANT :
♥ CONFIANCE

AUTRE SENTIMENT VISÉ :
♥ APPARTENANCE

OBJECTIFS

Amener l'enfant à respecter une règle de sécurité physique.

L'amener à développer son autonomie.

MATÉRIEL

- Mascotte : un dragon recouvert d'épines
- Gommettes
- Macaron représentant la consigne à respecter :
  « Je suis capable de marcher sans courir »

DÉROULEMENT

- **Mise en situation**
  Coller sur le dragon un gros macaron représentant la consigne à respecter afin d'aider l'enfant à la visualiser.

  Illustrer cette consigne par une anecdote drôle ou par une saynète.

  Exemple :
  Se mettre un gros pansement sur la tête et raconter que cela est arrivé parce qu'on s'est mis à courir dans un endroit où il y avait beaucoup de monde.

  Faire ensuite une visite du centre ou de la garderie avec les enfants en précisant les endroits où l'on doit marcher et en leur faisant visualiser les objets, les structures, les personnes, etc.

- **Causerie**
  Animer maintenant un court échange sur la consigne et, à la fin, demander à chaque enfant de s'engager à essayer de marcher sans courir.

  Chaque enfant qui s'engage à le faire reçoit une gommette qu'il colle sur l'épine du dragon qui lui est réservée.

- **Rétroaction**
  Appeler chaque enfant par son nom et le féliciter d'avoir réussi à respecter cette règle de vie.

SENTIMENT VISÉ DOMINANT :
CONFIANCE

AUTRE SENTIMENT VISÉ :
APPARTENANCE

JE SUIS CAPABLE DE FAIRE PARTIE D'UN TRAIN

Une règle de vie du milieu éducatif

OBJECTIFS

Amener l'enfant à respecter une règle de sécurité physique.

L'amener à développer son autonomie.

MATÉRIEL

- Dessin # 4 - «Je suis capable de faire partie d'un train» *(une copie par enfant)* - p. 113

- Affiche fabriquée à partir de ce dessin

- Crayons de couleur

DÉROULEMENT

- **Mise en situation**
  Demander aux enfants de se déplacer dans le désordre d'un local à l'autre.

- **Causerie**
  Après cette démonstration, questionner les enfants de façon à les aider à comprendre cette règle.
  «Qu'est-ce qui arrive quand on se déplace sans faire le train ?»
  «Que doit-on faire pour se déplacer en toute sécurité ?»
  «Comment fait-on un train ?»
  «Pourquoi avons-nous cette règle ? »

- **Réalisation**
  Après avoir expliqué le dessin, laisser chaque enfant le colorier.

- **Rétroaction**
  Appeler chaque enfant par son nom et le féliciter d'avoir bien compris cette règle de vie. Dire ce qu'on aime dans son dessin.

TITRE DE L'ACTIVITÉ :
JE SUIS CAPABLE DE PARTAGER
Une règle de vie du milieu éducatif

OBJECTIFS

Amener l'enfant à prendre conscience de l'importance du partage.

L'amener à développer une attitude pro-sociale.

MATÉRIEL

- Mascotte : un dragon recouvert d'épines

- Gommettes

- Macaron représentant la consigne à respecter :

« Je suis capable de partager »

DÉROULEMENT

- **Mise en situation**

Coller sur le dragon un gros macaron représentant la consigne à respecter afin d'aider l'enfant à la visualiser.

Illustrer cette consigne par une mise en situation portant sur les conséquences qui découlent de l'incapacité à partager.

Exemple :

« Maman m'a donné des biscuits à partager avec mes amis, mais j'ai préféré les manger seul. »

« Maintenant, j'ai mal au cœur et je ne me sens vraiment pas bien. »

- **Causerie**

Animer un court échange sur la consigne et, à la fin, demander à chaque enfant de s'engager à essayer de partager.

Chaque enfant qui s'engage à le faire reçoit une gommette qu'il colle sur l'épine du dragon qui lui est réservée.

- **Rétroaction**

Appeler chaque enfant par son nom et le féliciter d'avoir réussi à respecter cette règle de vie.

41

TITRE DE L'ACTIVITÉ :
JE SUIS CAPABLE D'ATTENDRE MON TOUR
Une règle de vie du milieu éducatif

SENTIMENT VISÉ DOMINANT : CONFIANCE

AUTRE SENTIMENT VISÉ : APPARTENANCE

OBJECTIFS

Amener l'enfant à respecter une procédure.

L'amener à développer son autonomie.

MATÉRIEL

- Mascotte : un dragon recouvert d'épines

- Gommettes

- Macaron représentant la consigne à respecter :

« Je suis capable d'attendre mon tour et de lever la main pour parler »

DÉROULEMENT

- **Mise en situation**

Coller sur le dragon un gros macaron représentant la consigne à respecter afin d'aider l'enfant à la visualiser.

Illustrer cette consigne par une petite mise en situation.

Exemple :

Couper la parole à chaque enfant qui s'exprime à voix trop forte; par la suite, demander aux enfants qu'on a interrompus comment ils se sont sentis à ce moment-là.

- **Causerie**

Animer un court échange sur la consigne et, à la fin, demander à chaque enfant de s'engager à essayer d'attendre son tour.

Chaque enfant qui s'engage à le faire reçoit une gommette qu'il colle sur l'épine du dragon qui lui est réservée.

- **Rétroaction**

Appeler chaque enfant par son nom et le féliciter d'avoir réussi à respecter cette règle de vie.

42

TITRE DE L'ACTIVITÉ :
JE SUIS CAPABLE DE DIRE CE QUI NE VA PAS
Une règle de vie du milieu éducatif

SENTIMENT VISÉ DOMINANT : CONFIANCE

AUTRE SENTIMENT VISÉ : APPARTENANCE

OBJECTIFS

Amener l'enfant à communiquer adéquatement.

L'amener à développer son affirmation personnelle.

MATÉRIEL

- Mascotte : un dragon recouvert d'épines

- Gommettes

- Macaron représentant la consigne à respecter :
« Je suis capable de dire ce qui ne va pas »

DÉROULEMENT

- **Mise en situation**
Coller sur le dragon un gros macaron représentant la consigne à respecter afin d'aider l'enfant à la visualiser.

Illustrer cette consigne par une anecdote drôle ou par une saynète.

Exemples :
Faire semblant de hurler et taper du pied au lieu de parler. Garder le silence et prendre un air boudeur.

- **Causerie**
Amener un échange sur la consigne.

Expliquer pourquoi elle est importante et demander à chaque enfant d'essayer de dire ce qui ne va pas.

Chaque enfant qui s'engage à le faire reçoit une gommette qu'il colle sur l'épine du dragon qui lui est réservée.

- **Rétroaction**
Appeler chaque enfant par son nom et le féliciter d'avoir réussi à respecter cette règle de vie.

43

TITRE DE L'ACTIVITÉ :
QU'EST-CE QU'ON FAIT AUJOURD'HUI ?

SENTIMENT VISÉ :
CONFIANCE

OBJECTIF	MATÉRIEL	DÉROULEMENT
Amener l'enfant à prendre conscience de ses activités quotidiennes.	• Livre de conte traitant de la vie quotidienne de l'enfant • Banque d'images représentant des activités quotidiennes • Feuilles à dessin et crayons de couleur	• **Mise en situation** Introduire l'activité par le conte choisi. • **Première étape de réalisation** Un enfant pige une image au hasard et mime ce qu'elle représente. Les autres enfants devinent ce qui est mimé. Puis, l'un après l'autre, ils se mettent à mimer à leur tour. • **Causerie** Amener l'enfant, par diverses questions, à prendre conscience de ses activités quotidiennes. «Quelles sont les activités qu'on fait chaque jour à la maison ? » «Quelles sont les activités qu'on fait chaque jour au centre ou à la garderie ? » • **Deuxième étape de réalisation** Chaque enfant dessine une de ses activités quotidiennes. • **Rétroaction** Dire à chaque enfant ce qu'on a trouvé de beau et d'amusant dans son mime. Appeler l'enfant par son prénom et terminer en le remerciant. • **Variante** Amener l'enfant à prendre conscience de ses activités d'une semaine en s'aidant d'une banque d'images appropriée.

Chapitre 4
DÉVELOPPER UNE CONNAISSANCE DE SOI

Au cours de ses premières années de vie, l'enfant apprend graduellement à prendre ses distances des personnes qui ont de l'importance à ses yeux et à se différencier d'elles. C'est ainsi qu'il se découvre comme être unique. Il acquiert les bases de la connaissance de soi qui se transformera plus tard en un sentiment d'identité et dont une première synthèse sera réalisée à l'adolescence.

Entre 3 et 6 ans, l'enfant réalise une multitude d'activités corporelles, sociales et intellectuelles au cours desquelles il développe des habiletés et des qualités personnelles. L'important, c'est de l'amener à en être conscient pour qu'il en vienne à se connaître.

La connaissance de soi et l'identité personnelle qui en résulte sont les fondements de l'estime de soi. Elles font naître chez l'enfant le sentiment d'être unique au monde et de pouvoir obtenir l'estime des autres. Or, c'est en se percevant différent des autres sous plusieurs aspects que l'enfant découvre peu à peu qu'il est unique au monde. C'est par l'acceptation de la différence qu'on acquiert le droit d'exister comme individu unique. Il ne s'agit pas d'une entreprise facile ou anodine. L'histoire de l'humanité est là pour nous démontrer à quel point toute société a toujours eu peine à tolérer les différences individuelles et collectives.

Les tout-petits ont besoin qu'on les estime comme ils sont, c'est-à-dire avec leurs identités naissantes et avec toutes leurs différences. Pour y parvenir, il faut d'abord les connaître et les amener à se connaître. La connaissance de soi et des autres amène une reconnaissance de sa propre personne et de celles qui nous entourent.

LES ATTITUDES ÉDUCATIVES

Chaque enfant a ses propres caractéristiques corporelles, ses habiletés et ses qualités particulières que l'éducatrice doit percevoir. Cela est nécessaire si elle veut aider l'enfant à se connaître lui-même dans toutes ses composantes. Il lui revient alors d'avoir recours à des rétroactions ou des **feed-back positifs** pour que l'enfant puisse prendre conscience de ce qu'il est. Cela n'est pas toujours facile, car notre éducation d'inspiration judéo-chrétienne ne nous prépare pas à mettre en évidence les aspects positifs. Nous avons tendance, en effet, à mettre l'accent sur ce qui est négatif et sur les lacunes plutôt que sur les acquis. Il apparaît donc essentiel que toute éducatrice prenne le temps de se recentrer sur ses propres forces, sur ses qualités et sur ses compétences. Pour favoriser l'estime de soi des tout-petits, il faut d'abord avoir une bonne estime de soi-même.

Pour en arriver à connaître les tout-petits et pour pouvoir mettre en évidence leurs forces, il faut être doté d'une bonne **capacité d'empathie**. Autrement dit, être capable de décoder l'enfant même dans le non-observable. L'éducatrice doit être capable de garder une certaine distance affective par rapport aux enfants si elle veut les percevoir dans ce qu'ils sont et non pas uniquement dans ce qu'ils font.

L'éducatrice, de plus, doit pouvoir faire le **deuil des enfants rêvés**, c'est-à-dire de la représentation de ce que devraient être de bons enfants qui répondent à ses attentes. Ce sont des enfants rêvés qu'elle aimerait avoir dans son groupe; mais les tout-petits n'adoptent pas des attitudes et des comportements qui correspondent à ses désirs parfois trop perfectionnistes. Après avoir chassé l'idée d'enfants parfaits à ses yeux, l'éducatrice peut se concentrer sur des objectifs plus réalistes ou plus conformes aux motivations et aux capacités des tout-petits.

Derrière tout comportement, il y a un besoin ou un sentiment, et parfois les deux en même temps. Il importe donc que l'éducatrice, grâce à ses capacités d'empathie, amène les enfants à être conscients de ce qui est sous-jacent à leurs comportements, que ceux-ci soient agréables ou non. Cette prise de conscience peut se faire verbalement ou grâce à des dessins ou à des jeux symboliques. Ainsi, l'éducatrice est celle qui conduit les tout-petits à **faire peu à peu des liens entre leurs besoins, leurs sentiments et leurs comportements.** Chez les enfants de 3 à 6 ans, il ne peut s'agir, bien sûr, que du début d'une telle prise de conscience.

Tout le travail de décodage et de soutien de l'éducatrice ne vaut que si celle-ci a tissé avec les enfants une **relation d'attachement et de complicité.** Cette relation significative est une sorte de lien non-verbal qui est constitué par les sentiments de sécurité et de confiance ainsi que par des moments de joie et d'affection qu'éducatrice et tout-petits vivent ensemble. Pour atteindre ce type de relation, il faut faire preuve de stabilité et de fiabilité dans les réponses positives et régulières qu'on donne aux besoins des enfants; de plus, il faut que l'éducatrice adopte des attitudes et prenne les moyens nécessaires pour que chaque enfant se sente reconnu et important à ses yeux.

L'éducatrice doit aussi souligner les difficultés des tout-petits tout en évitant de les culpabiliser. Ces difficultés doivent être présentées comme des défis à relever. En ce qui concerne les comportements désagréables ou qui nuisent aux autres, ils doivent être refrénés tout en faisant comprendre clairement que c'est le comportement qui est inacceptable et non pas celui qui le pratique.

Finalement, pour favoriser l'estime de soi des tout-petits, l'éducatrice doit leur parler de façon chaleureuse, en contrôlant le timbre de sa voix et en évitant les humiliations et les mots qui blessent.

Il est essentiel que l'éducatrice adopte des attitudes et des moyens qui sont susceptibles de favoriser une connaissance de soi chez les tout-petits. Avec chacun d'eux, elle doit donc chercher à :

➡ tisser une relation d'attachement et de complicité;

➡ reconnaître et accepter les différences entre les enfants;

➡ faire le deuil de l'enfant rêvé;

➡ proposer des objectifs réalistes tant sur le plan des apprentissages que sur celui du comportement;

➡ faire preuve d'empathie et de chaleur humaine;

➡ utiliser un langage respectueux;

- se centrer sur les forces, les qualités et les compétences;

- donner régulièrement des feed-back positifs;

- amener l'enfant à prendre conscience qu'il est unique au monde par ses caractéristiques corporelles ainsi que par ses qualités et compétences particulières;

- favoriser l'affirmation et l'autonomie;

- aider l'enfant à prendre conscience de ses besoins et de ses sentiments et à les exprimer adéquatement;

- amener l'enfant à prendre un peu conscience des liens qu'il y a entre ses besoins, ses sentiments et ses comportements;

- souligner les difficultés rencontrées et aider à les surmonter;

- blâmer le comportement inacceptable et non pas l'enfant.

Il serait illusoire de s'attendre à ce qu'une éducatrice adopte toutes ces attitudes et utilise tous ces moyens avec continuité. Toutefois, elle doit s'interroger régulièrement sur la qualité de la relation qu'elle tisse avec les tout-petits. L'estime de soi d'un enfant est très influencée par le climat relationnel dans lequel il vit.

LES SIGNES OBSERVABLES D'UNE CONNAISSANCE DE SOI

Il ne faut pas s'attendre à ce qu'un enfant de 3, 4, 5 ou 6 ans acquiert une très grande connaissance de soi et développe un sentiment complet de son identité personnelle. C'est là, en effet, le travail de toute une vie! Mais l'enfant de l'âge de l'imaginaire peut toutefois manifester à l'occasion et de façon variable la majorité des attitudes et des comportements suivants :

- Il est capable de se distancer de l'éducatrice tout en vivant un sentiment de complicité avec elle

- Il est capable d'identifier chez lui une habileté physique ou une difficulté de cet ordre

- Il est capable d'identifier chez lui une habileté intellectuelle ou une difficulté de cet ordre

- Il est capable d'identifier chez lui une habileté relationnelle ou une difficulté de cet ordre

- Il est capable d'identifier chez lui une habileté créatrice ou une difficulté de cet ordre

↦ Il est capable d'identifier ce qui le différencie des autres

↦ Il est capable de s'affirmer

↦ Il est capable d'identifier les raisons pour lesquelles les autres l'aiment

↦ Il est capable de faire des choix

↦ Il est capable d'exprimer ses goûts et ses idées

↦ Il est capable d'exprimer ses sentiments

↦ Il est capable d'exprimer ses besoins

↦ Il est capable d'avoir un peu conscience des liens qui existent entre ses besoins, ses sentiments et son comportement

↦ Il est capable de se faire respecter

↦ Il est capable d'assumer de petites responsabilités qui sont adaptées à son âge

↦ Il est capable de conserver le souvenir de petits succès passés

LES OBJECTIFS SPÉCIFIQUES

1. Amener chaque enfant à se percevoir comme un être unique, doté de ses propres caractéristiques corporelles, intellectuelles, relationnelles et créatrices.

2. Amener chaque enfant à porter un jugement positif sur lui-même et sur ce qui le différencie.

3. Amener chaque enfant à voir et à apprécier ses qualités et ses compétences.

4. Amener chaque enfant à voir et à apprécier les qualités et les différences des autres.

5. Amener chaque enfant à prendre conscience de ses sentiments, de ses besoins et de ses opinions et à les exprimer de façon adéquate.

LES ACTIVITÉS VISANT À FAVORISER UNE CONNAISSANCE DE SOI

Les activités proposées ici pour favoriser une connaissance de soi s'adressent à l'ensemble des enfants qui ont entre 3 et 6 ans. La décision de ne pas les diviser par groupes d'âge a été prise afin d'éviter de cloisonner le processus de développement de l'estime de soi. En effet, ce processus doit être perçu comme une continuité fonctionnelle dans les apprentissages de *savoir être* et non de *savoir faire*, et cela indépendamment des âges.

Chaque éducatrice est donc libre de choisir les activités qu'elle veut réaliser. Elle se fondera, pour ce faire, sur sa connaissance des rythmes de développement des enfants dont elle a la charge éducative ainsi que sur celle du milieu éducatif dans lequel elle évolue. Il lui est également possible, si elle le désire, de déterminer l'ordre dans lequel ces activités seront faites ainsi que leur fréquence.

Pour établir l'ordre actuel des activités, nous avons d'abord tenu compte de l'enfant, de ce qu'il est et de son vécu, et ensuite de son environnement, c'est-à-dire de sa famille et du milieu éducatif dont il fait partie.

Les activités sont destinées à stimuler le développement de l'estime de soi qui est d'abord fondé sur les attitudes éducatives.

---

* Voir les annexes 1, 2 et 3 avant de commencer les activités :

Annexe 1 • Au sujet de l'animation des activités (page 107)
Annexe 2 • Petit lexique relatif aux activités (page 110)
Annexe 3 • Les dessins (pages 114 à 117)

OBJECTIFS	MATÉRIEL	DÉROULEMENT
Amener l'enfant à se familiariser avec son corps. L'amener à prendre conscience des différences entre lui et les autres.	• Grandes feuilles à dessin et crayons • Toise • Pèse-personne • Grand miroir	**Mise en situation** Installer un grand miroir de façon à ce que les enfants puissent s'y regarder facilement. **Causerie** Animer une petite causerie sur les ressemblances et les différences et demander ensuite aux enfants de se regarder dans le miroir. Aider chacun à se décrire par rapport aux autres. Exemple : « J'ai les cheveux noirs comme ..., la peau blanche comme... et je suis plus grande que... » **Première étape de réalisation** Chaque enfant se mesure et se pèse. Prendre note de ces informations. **Deuxième étape de réalisation** Les enfants forment des équipe de deux et tracent sur de grandes feuilles le contour de leurs corps. Ces dessins sont affichés. **Rétroaction** Dire un mot positif de chaque dessin (contour) en ajoutant sur chacun le poids et la grandeur de l'enfant.*

* On peut refaire cette activité plus tard dans l'année. L'enfant prend ainsi conscience des changements qui se produisent sur le plan de sa croissance physique.

51

TITRE DE L'ACTIVITÉ :
QUAND J'ÉTAIS UN BÉBÉ

SENTIMENT VISÉ :
CONNAISSANCE DE SOI

OBJECTIF	MATÉRIEL	DÉROULEMENT
Amener l'enfant à prendre conscience qu'il est une personne qui change et évolue.	• Livre de conte portant sur le thème du bébé * • Une photographie de l'enfant lorsqu'il était bébé • Papier de bricolage • Colle • Crayons de couleur	• **Mise en situation** Introduire l'activité par le conte choisi. • **Causerie** Amener l'enfant, par des questions, à prendre conscience du fait qu'il a grandi et que son corps a changé. Exemples : « À quoi ressemblais-tu lorsque tu étais un bébé ? » « Qu'est-ce que tu es capable de faire maintenant et que tu ne pouvais pas faire quand tu étais bébé ? » • **Réalisation** Chaque enfant colle sa photographie sur du papier de bricolage et fait un cadre autour. • **Rétroaction** Nommer chaque enfant et présenter sa photographie en en faisant ressortir un trait caractéristique.

* Ex.: Collection Rose des vents, « Caillou : La petite sœur », Joceline Sanschagrin, Éd. Chouette, 1993.

52

TITRE DE L'ACTIVITÉ :
MON PORTRAIT

SENTIMENT VISÉ :
CONNAISSANCE DE SOI

OBJECTIF	MATÉRIEL	DÉROULEMENT
Amener l'enfant à prendre conscience de son corps.	• Grand miroir • Feuilles • Gouache et pinceaux	• **Mise en situation** Chacun se regarde dans le grand miroir. • **Causerie** Préparer l'enfant à faire son autoportrait en lui posant des questions. Exemples : « De quelle couleur sont tes yeux ? Tes cheveux ? » « As-tu les cheveux raides ou bouclés ? » « Comment sont tes vêtements ? » • **Réalisation** Chaque enfant fait son autoportrait à la gouache. Tous les dessins sont affichés et les enfants sont invités à les commenter (différences, ressemblances, etc.). • **Rétroaction** Dire ce qu'il y a d'intéressant dans chaque dessin en n'oubliant pas d'appeler chaque enfant par son prénom.

TITRE DE L'ACTIVITÉ :
MON EMPREINTE

SENTIMENT VISÉ :
CONNAISSANCE DE SOI

OBJECTIF	MATÉRIEL	DÉROULEMENT
Amener l'enfant à prendre conscience, par la morphologie de ses mains, de son identité.	• Feuilles • Gouache et pinceaux	**• Mise en situation** Montrer une de ses mains aux enfants et leur faire remarquer l'infinité de petites lignes qui en sillonnent la paume. **• Causerie** Expliquer que nous sommes tous différents les uns des autres, que chacun est unique et que cela se vérifie facilement en regardant nos mains. L'empreinte de chacun est unique. **• Réalisation** À l'aide d'un pinceau, chaque enfant met de la gouache sur l'une de ses paumes. Puis, il met son empreinte sur une feuille qui est affichée avec toutes les autres *. **• Rétroaction** À voix haute, faire ressortir les traits caractéristiques de chaque empreinte et mettre en évidence les différences. * On peut remplacer la gouache par un tampon encreur et imprimer le bout des doigts.

54

TITRE DE L'ACTIVITÉ :
MON PRÉNOM

SENTIMENT VISÉ :
CONNAISSANCE DE SOI

OBJECTIF

Amener l'enfant à prendre conscience que son prénom fait partie de son identité.

MATÉRIEL

- Petites bandes de carton sur lesquelles est inscrit le prénom de chaque enfant
- Feuilles blanches
- Colle

DÉROULEMENT

- **Mise en situation**
  Conduire les enfants à l'endroit où sont affichés tous les prénoms et demander qu'on les regarde bien.

- **Causerie**
  Par des questions, amener l'enfant à prendre conscience du caractère unique de chacun des prénoms.

  Exemples :
  « Est-ce que les prénoms s'écrivent tous de la même façon ? »
  « Est-ce qu'ils sont tous de la même longueur ? »
  « Reconnais-tu ton prénom ? »

- **Réalisation**
  Les enfants s'installent autour d'une table sur laquelle sont déposées les petites bandes de carton. Chacun essaie de trouver la bande sur laquelle son prénom est inscrit, puis la colle sur une feuille.

- **Rétroaction**
  Féliciter l'enfant pour avoir reconnu son prénom. Bien lui dire que celui-ci lui appartient en propre et qu'il le représente.

TITRE DE L'ACTIVITÉ :
MA FAMILLE

SENTIMENT VISÉ :
CONNAISSANCE DE SOI

OBJECTIFS

Amener l'enfant à se présenter et à présenter sa famille.

L'amener à prendre conscience de ce qui le différencie des autres.

MATÉRIEL

• Livre de conte traitant du thème de la famille*

• Feuilles à dessin et crayons de couleur

• Photographies de la famille de l'enfant

• Grands cartons d'affichage

• Colle

• Dessin # 5 « Mon identité » *(une copie par enfant)* - p. 114

* Ex. : « Je t'aimerai toujours », Robert Munsch, Éd. Firefly Books.

DÉROULEMENT

• **Mise en situation**
Donner aux enfants le dessin # 5 pour que leurs parents y inscrivent les données requises. Leur demander de le compléter avec leurs parents. Introduire l'activité par le conte choisi.

• **Causerie**
Permettre à chaque enfant, par des questions, de s'exprimer au sujet de sa famille.

Exemples :
« Décris-moi ta famille. »
« As-tu un père, une mère, des frères, des sœurs ? »
« Quel est leur nom ? »

• **Première étape de réalisation**
Chaque enfant présente les photographies de sa famille et sa feuille d'identité.

Les photos d'identité sont toutes collées sur un grand carton qui est affiché.

• **Deuxième étape de réalisation**
Chaque enfant fait un dessin de sa famille.

• **Rétroaction**
Informer chaque enfant des éléments pour lesquels on apprécie son dessin.

SENTIMENT VISÉ : CONNAISSANCE DE SOI

TITRE DE L'ACTIVITÉ : MES ORIGINES

OBJECTIF	MATÉRIEL	DÉROULEMENT
Amener l'enfant à prendre conscience de ses origines.	• Dessin # 6 - Mon arbre généalogique *(une copie par enfant)* - *p. 114* • De petites cartes du monde	**• Mise en situation** Donner aux enfants le dessin # 6 pour que leurs parents y inscrivent les lieux de naissance (de l'enfant, des parents et des grands-parents). Leur demander de le compléter avec leurs parents. **• Causerie** La causerie est d'abord l'occasion d'expliquer le mot «origine». Elle doit faire prendre conscience à l'enfant du lieu de sa naissance ainsi que de celui de ses parents et grands-parents. De plus, elle permet d'expliquer la signification d'un arbre généalogique. **• Réalisation** Chaque enfant colorie sur sa petite carte du monde le pays (ou les pays) d'où sa famille provient. Ensuite, il présente au groupe son coloriage ainsi que son arbre généalogique. **• Rétroaction** Dire ce qu'on a aimé de chaque présentation et, si possible, ajouter un mot sur le pays dont il a été question.

TITRE DE L'ACTIVITÉ :
RECETTE ORIGINALE*

SENTIMENT VISÉ DOMINANT :
CONNAISSANCE DE SOI

AUTRES SENTIMENTS VISÉS :
APPARTENANCE ET
RÉUSSITE

OBJECTIFS

Amener l'enfant à prendre conscience de ses origines.

L'amener à partager.

MATÉRIEL

- Recette du pays d'origine de l'enfant
- Papier de bricolage
- Bouts de laine
- Crayons de couleur

DÉROULEMENT

- **Mise en situation**
  Les enfants demandent à leurs parents, au préalable, une recette de leur pays d'origine.

- **Causerie**
  Dire quelques mots sur différentes cuisines et sur différentes coutumes concernant l'alimentation.

- **Réalisation**
  Chaque enfant colle sa recette sur un papier de bricolage qu'il décore comme il l'entend.

  On procède ensuite à la fabrication d'un petit livre de cuisine contenant toutes les recettes.

- **Rétroaction**
  Présenter le livre aux enfants en soulignant la contribution de chacun.

- **Variante**
  Une fois par mois, on réalise une des recettes du livre en se faisant aider par l'enfant et on met en évidence sa participation.

* Cette activité peut être jumelée avec « Mes origines » (p. 57)

TITRE DE L'ACTIVITÉ :
LETTRE D'AMOUR À MON ENFANT

SENTIMENT VISÉ :
CONNAISSANCE DE SOI

OBJECTIF

Amener l'enfant à prendre conscience qu'il est unique et qu'il reçoit des preuves d'amour de ses parents.

MATÉRIEL

- Papier à lettre qui porte une illustration de la mascotte choisie
- Enveloppes

DÉROULEMENT

- **Mise en situation**
  Quelques jours avant de réaliser l'activité, remettre le papier à lettre et l'enveloppe aux parents pour qu'ils puissent écrire quelques mots d'amour à leur enfant.

- **Réalisation**
  Faire la lecture de chaque lettre en présence du groupe et de la mascotte.

- **Rétroaction**
  Pour chaque enfant, souligner un élément de la lettre qui montre bien l'affection que ses parents lui portent.

- **Variante**
  L'enfant peut ajouter une touche personnelle au papier sur lequel les parents vont écrire leur lettre en utilisant un pochoir, par exemple.

SENTIMENT VISÉ :
CONNAISSANCE DE SOI

OBJECTIF	MATÉRIEL	DÉROULEMENT
Amener l'enfant à prendre conscience de ses préférences.	• Papier de bricolage • Colle • Ciseaux • Banque d'images (coupures de journaux ou de revues) • Bouts de laine ou de ficelle	• **Mise en situation** Commencer en donnant des exemples aux enfants de ce qu'on aime faire soi-même. • **Causerie** Parvenir, par des questions, à faire parler les enfants de leurs préférences. Chacun dit ce qu'il préfère. Entre chaque intervention, demander au groupe ce qu'il pense des goûts de chacun. Cela servira à illustrer les différences entre chaque enfant et à confirmer le caractère unique de chacun. • **Réalisation** Chaque enfant fait un bricolage pour représenter ses préférences en puisant dans la banque d'images. • **Rétroaction** Appeler chaque enfant par son prénom et dire à chacun quelque chose de positif par rapport à son bricolage.

TITRE DE L'ACTIVITÉ :
MES SOUPIRS *

SENTIMENT VISÉ :
CONNAISSANCE DE SOI

OBJECTIF	MATÉRIEL	DÉROULEMENT
Amener l'enfant à prendre conscience de ce qu'il aime moins.	• Voir « Mes plaisirs » *(p. 60)*	• Voir « Mes plaisirs », mais en parlant de ce qui est aimé le moins plutôt que des préférences.

* Cette activité peut être jumelée avec « Mes plaisirs » *(p. 60)*

TITRE DE L'ACTIVITÉ :
MON CŒUR ME DIT

SENTIMENT VISÉ :
CONNAISSANCE DE SOI

OBJECTIFS	MATÉRIEL	DÉROULEMENT
Amener l'enfant à prendre conscience de ses sentiments et de ses émotions.	• Livre de conte traitant du thème des émotions*	• **Mise en situation** Introduire l'activité par le conte choisi.
L'amener à exprimer ses sentiments et ses émotions.	• Dessin # 7 - « Les émotions » *(une copie par enfant)* *- p. 115*	• **Causerie** Par des questions, amener l'enfant à exprimer les émotions qu'il a ressenties en écoutant le conte ou celles qu'il ressent le plus souvent.
	• Grille des émotions	• **Réalisation** Présenter la grille sur laquelle l'enfant doit coller chaque jour la bande où son prénom est inscrit vis-à-vis du symbole de l'émotion la plus forte qu'il a ressentie dans la journée (déçu, heureux, triste, surpris, en colère, fâché).
	• Petites bandes de carton et crayons	
	• Colle	• **Rétroaction** Faire asseoir les enfants en cercle et demander à chacun la raison de son choix.
		• **Variante** Une seconde grille et d'autres symboles peuvent représenter l'ensemble des émotions vécues au cours de la semaine par chaque enfant.
		Exemple : Soleil vert pour une bonne semaine, soleil jaune pour une semaine «moyenne», soleil rouge pour une semaine difficile.
	* Ex.: «La colère d'Arthur », Hiawyn Oram (texte français de Jean-Pierre Carasso), Éd. du Seuil, 1982.	

TITRE DE L'ACTIVITÉ :
BONHOMME SOURIRE

SENTIMENT VISÉ :
CONNAISSANCE DE SOI

OBJECTIF

Amener l'enfant à identifier des situations qui le rendent heureux.

MATÉRIEL

- Dessin # 8 - «Ce qui me rend heureux ou heureuse» *(une copie par enfant)* - p. 115

- Crayons de couleur

DÉROULEMENT

- **Mise en situation**
Montrer le dessin représentant un bonhomme sourire.

- **Causerie**
Par diverses questions, amener l'enfant à identifier une situation (vécue à la maison ou au centre ou à la garderie) qui le rend heureux.

Exemples :
«Pourquoi es-tu heureux lorsque ton papa joue avec toi ? »
«Aimes-tu prêter tes jouets à ta sœur ? »

- **Réalisation**
L'enfant dessine cette situation heureuse et la présente au groupe.

- **Rétroaction**
Féliciter chaque enfant pour son dessin et sa présentation.

- **Variante**
Refaire l'activité à partir des dessins intitulés «Ce qui me fait fâcher » et «Ce qui me rend triste ».

63

TITRE DE L'ACTIVITÉ :
MONSIEUR CAUCHEMAR

SENTIMENT VISÉ DOMINANT :
CONNAISSANCE DE SOI

AUTRE SENTIMENT VISÉ :
CONFIANCE

OBJECTIF	MATÉRIEL	DÉROULEMENT
Amener l'enfant à prendre conscience de ses peurs et à les exprimer.	• Livre de conte traitant des peurs enfantines* • Feuilles à dessin et crayons de couleur • Enveloppes • Faux timbres • Dessin # 9 - « J'ai peur de... » *(une copie par enfant)* - p. 116 * Ex.: « Il y a un cauchemar dans mon placard », Mercer Mayer, Éd. Gallimard, 1982. « Qui a peur du monstre ? », Fanny Joly et Jean-Noël Rochut, Éd. Rouge et Or, 1991.	• **Mise en situation** Introduire l'activité par le conte choisi. • **Causerie** Expliquer d'abord que chacun a ses peurs. Demander à l'enfant, par la suite, de prendre conscience de ce qui l'inquiète et d'exprimer ses peurs. « Toi, qu'est-ce qui t'inquiète, te fait peur ? » « Qu'est-ce que tu fais lorsque tu as peur ? » « Y a-t-il quelque chose qui te faisait peur auparavant et dont tu n'as plus peur maintenant ? » • **Réalisation** L'enfant dessine à présent ce dont il a le plus peur. Une fois le dessin terminé, lui dire : « Nous allons envoyer ton dessin à Monsieur Cauchemar, car il fait la collection des cauchemars de tous les enfants du monde. Si ta peur revient, tu peux lui envoyer un autre dessin et, doucement, ta peur repartira. » Chaque enfant met son dessin dans une boîte aux lettres installée dans le centre ou la garderie. On entame alors la chanson suivante (sur l'air de *Petit Papa Noël*) :

64

OBJECTIF	MATÉRIEL	DÉROULEMENT
		Petit Monsieur Cauchemar Parfois je m'endors très tard Avec plein de monstres dans la tête J'aimerais que ce soit une fête Mais avant de m'endormir J'aimerais bien tout te dire Dans le noir, je cherche ton sourire Je t'envoie mon plus beau souvenir • **Rétroaction** Regarder les dessins avant qu'ils ne soient mis dans la boîte aux lettres fictive et demander aux enfants de présenter leurs peurs. S'adresser à chacun d'eux en soulignant ce qu'il y a d'intéressant dans le dessin et en soulignant qu'il sera très utile à Monsieur Cauchemar. • **Variante** Expliquer les illustrations qui figurent sur le dessin # 9 - « J'ai peur de... », et faire encercler par l'enfant celles qui représentent des situations ou des objets qui l'effraient.

65

TITRE DE L'ACTIVITÉ :
MONSIEUR FRISSON

SENTIMENT VISÉ DOMINANT :
CONNAISSANCE DE SOI

AUTRE SENTIMENT VISÉ :
CONFIANCE

OBJECTIF

Amener l'enfant à prendre conscience de ses peurs et de celles des autres.

MATÉRIEL

- Feuilles blanches et crayons de couleur
- Enveloppes
- Faux timbres

DÉROULEMENT

- **Causerie**

Présenter aux enfants Monsieur Frisson. Celui-ci est un personnage dont le plus grand plaisir est d'avoir de gros frissons en regardant des dessins représentant des peurs. Il a envoyé une lettre aux enfants.

« Bonjour, mes amis
Je m'appelle Monsieur Frisson
Ce matin, je me sens très grognon
Car vide est mon bedon
Je n'aime pas le chocolat ni les bonbons
Ce que j'aime, c'est les frissons
Envoyez-moi donc
Des dessins de vos plus grands frissons
Et merci, mes amis »

M. Frisson
2, rue Grognon, Bedonville

Les enfants font leurs dessins, les mettent sous enveloppe et les déposent dans la boîte aux lettres fictive qui est installée dans le centre ou la garderie.

- **Rétroaction**

Avoir un commentaire positif pour chaque dessin avant qu'ils soient mis à la poste.

TITRE DE L'ACTIVITÉ :
MES PRÉFÉRENCES

SENTIMENT VISÉ :
CONNAISSANCE DE SOI

OBJECTIF	MATÉRIEL	DÉROULEMENT
Amener l'enfant à exprimer ses préférences sur un thème donné.	• Feuilles à dessin et crayons de couleur • Images ou affiches portant sur le thème choisi	• **Causerie** Inciter l'enfant à s'exprimer sur le thème choisi en s'aidant des images. **Exemples de thèmes :** Les couleurs, les vêtements, les mets, les insectes, les jeux et les jouets à la maison, les jeux et les jouets au centre ou à la garderie, etc. • **Réalisation** Chaque enfant fait un dessin qui résume ce qu'il vient de dire. Lui demander de trouver un titre à son dessin. Exposer tous les dessins. • **Rétroaction** En exposant les dessins, faire un court commentaire positif sur chacun.

67

TITRE DE L'ACTIVITÉ :
EXPLORATION SPATIALE *

SENTIMENT VISÉ :
CONNAISSANCE DE SOI

OBJECTIF

Amener l'enfant à identifier ses préférences dans le domaine de l'exploration spatiale.

MATÉRIEL

- Livre traitant de l'exploration spatiale
- Feuilles à dessin
- Images ou affiches portant sur le thème de l'espace

DÉROULEMENT

- **Mise en situation**
  Présenter le livre de même que les affiches et les images qui ont été collées sur le mur.

- **Causerie**
  Par des questions, amener l'enfant à s'exprimer sur le thème de l'espace en général ou sur ce qu'il voit sur le mur.

  Exemples :
  «Connais-tu le nom de cette planète ? »
  «Que retrouve-t-on dans le ciel ? »

- **Réalisation**
  Chaque enfant dessine l'élément du monde spatial qu'il préfère (une étoile, une planète, un engin, la voûte céleste, un cosmonaute, etc.), donne un titre à son dessin et le signe.

- **Rétroaction**
  Dire un mot de chaque dessin en mettant l'accent sur un élément positif. Exposer les dessins dans un endroit bien en vue.

* Cette activité peut être jumelée avec «Mes préférences » (p. 67)

TITRE DE L'ACTIVITÉ :
LES SAISONS DE MON CŒUR

SENTIMENT VISÉ DOMINANT :
CONNAISSANCE DE SOI

AUTRE SENTIMENT VISÉ :
RÉUSSITE

OBJECTIF

Amener l'enfant à prendre conscience de ce qu'il aime dans chaque saison et à comprendre qu'il a ses propres goûts.

MATÉRIEL

- Feuilles
- Gouache et pinceaux

DÉROULEMENT

- **Mise en situation**
  Présenter un élément caractéristique de chacune des quatre saisons.

- **Réalisation**
  Chaque enfant peint ce qu'il aime le plus dans la saison actuelle. Il présente son dessin au groupe en donnant les raisons de son choix.

  Tous les dessins sont affichés.

  L'activité est reprise avec chaque nouvelle saison.

  À la fin de l'année, on peut publier un recueil des dessins sous le titre « Les saisons de mon cœur ».

- **Rétroaction**
  Prendre le temps de commenter positivement chaque dessin en s'adressant à l'enfant par son prénom (Ex. : « Amélie, je trouve que tu as choisi de très belles couleurs. »)

TITRE DE L'ACTIVITÉ :
AVEC TOI, J'AIME...

SENTIMENT VISÉ DOMINANT :
CONNAISSANCE DE SOI

AUTRE SENTIMENT VISÉ :
RÉUSSITE

OBJECTIF

Amener l'enfant à identifier ses préférences en ce qui concerne les tâches que sa mère ou son père lui demande.

MATÉRIEL

- Papier de bricolage
- Colle
- Dessin # 10 - « Ce que j'aime faire pour papa ou maman » (*une copie par enfant*) - p. 116

DÉROULEMENT

- **Mise en situation**
  Mimer une ou deux tâches qu'on doit faire au centre ou à la garderie.

- **Causerie**
  Poser des questions pour amener chaque enfant à s'exprimer sur les tâches qu'on lui demande d'accomplir à la maison. Quelles sont celles qu'il aime faire et pourquoi?

- **Réalisation**
  Chaque enfant découpe l'illustration qui représente sa tâche favorite. Il la colle sur du papier de bricolage qu'il plie en deux de manière à faire une carte. Cette carte est remise ou envoyée aux parents. Ceux-ci écrivent un petit mot à leur enfant dans un espace prévu à cette fin sur la carte. Ils retournent la carte au centre ou à la garderie.

- **Rétroaction**
  Lire aux enfants assis en cercle tous les petits mots écrits par les parents sur les cartes.

70

TITRE DE L'ACTIVITÉ :
UNE ÉQUIPE D'ÉTOILES

SENTIMENT VISÉ DOMINANT :
CONNAISSANCE DE SOI

AUTRE SENTIMENT VISÉ :
RÉUSSITE

OBJECTIF	MATÉRIEL	DÉROULEMENT
Amener l'enfant à identifier les activités du centre ou de la garderie dans lesquelles il réussit bien.	• Macarons en forme d'étoiles représentant les activités du centre ou de la garderie (s'inspirer du dessin # 11 - «Mes activités») - *p. 117*	• **Mise en situation** Faire asseoir les enfants en cercle. • **Causerie** Faire une petite causerie pour rappeler les différentes activités qui se déroulent au centre ou à la garderie. • **Réalisation** Demander à chaque enfant de choisir le macaron qui représente l'activité qu'il réussit le mieux. L'enfant porte ce macaron de façon très visible pendant toute la journée. • **Rétroaction** Présenter chaque enfant au groupe en soulignant le macaron qu'il porte et, enfin, offrir un goûter à toutes ces étoiles.

Chapitre 5
DÉVELOPPER UN SENTIMENT D'APPARTENANCE

L'être humain est de nature sociale et grégaire. Il a besoin d'appartenir à un groupe et de sentir qu'il est rattaché à un réseau relationnel. L'enfant ne fait pas exception et son besoin de faire partie d'un groupe augmente au fur et à mesure qu'il se développe.

Au cours de ses premières années, le tout-petit vit avec ses parents une profonde relation d'attachement qui constitue en quelque sorte le noyau archaïque de son estime de soi. En vieillissant et en s'ouvrant au monde social, il cherche à vivre d'autres relations et à acquérir, en particulier avec ses camarades, une première conscience de sa valeur.

À l'âge de l'imaginaire, l'enfant réclame la présence d'enfants du même âge que lui. Il vit déjà un sentiment d'appartenance que même le parent le plus patient et le plus disponible ne peut satisfaire. Ce sentiment d'appartenance sert en quelque sorte d'antidote au sentiment de solitude sociale auquel tout individu est trop souvent soumis.

Pour parvenir à vivre pleinement un sentiment d'appartenance, il faut faire un long apprentissage d'habiletés sociales, de collaboration et de coopération. L'enfant d'âge préscolaire n'a pas réalisé cet apprentissage et, de plus, il ne peut pas posséder rapidement et entièrement les habiletés pro-sociales qui favorisent l'appartenance, étant incapable de faire preuve, d'entrée de jeu, d'altruisme et de coopération. Il est encore beaucoup trop égocentrique et il ne peut se livrer, par exemple, qu'à des activité de co-opération et à des monologues qu'on appelle collectifs parce qu'ils ont lieu en présence des autres mais sans tenir compte d'eux.

Pour être capable d'une véritable coopération ou d'un vrai dialogue, l'enfant doit avoir intégré la structure mentale de réciprocité. Ce n'est qu'à ce moment qu'éclate l'égocentrisme et qu'il devient possible de considérer les besoins, les opinions et les sentiments des autres tout en les régularisant avec les siens. Entre 3 et 6 ans, l'enfant n'a pas encore acquis cette capacité, mais il faut le stimuler en ce sens. En premier lieu, il faut profiter de sa tendance à jouer avec un autre enfant, en dyade, pour l'aider à développer des attitudes pro-sociales. Cela fait, on pourra généraliser cette tendance en l'appliquant à un plus grand nombre de camarades.

LES ATTITUDES ÉDUCATIVES

Il faut d'abord aider le tout-petit à être plus **sensible à l'autre**. Quand il a appris à identifier ses propres besoins et sentiments, il faut l'aider à percevoir également ceux que les autres manifestent par leurs paroles, par leurs gestes et par leurs attitudes non-verbales. Une des tâches de l'éducatrice consiste à inciter l'enfant à tenir compte d'autrui et à le féliciter quand il démontre des capacités de connaissance et d'écoute de l'autre.

Cette sensibilité aux autres se concrétise davantage par la transmission des valeurs de générosité et d'entraide. Aussi doit-on aider régulièrement l'enfant à se décentrer de ses besoins immédiats pour partager ses jouets ou aider un petit camarade.

Le sentiment d'appartenance à un groupe ne se crée pas magiquement. Les enfants ne peuvent vivre ce sentiment que s'ils ont l'occasion de participer à des activités collectives. En effet, les **projets de groupe** au cours desquels chaque enfant fait une contribution personnelle sont essentiels. C'est grâce à la mise en commun d'actions positives dans le cadre d'un projet commun que l'entraide est vraiment vécue. Le rôle de l'éducatrice dans ce domaine est central. Elle doit aussi inviter chaque enfant à encourager ses camarades, à les féliciter et à leur rendre service quand ils en ont besoin.

Les tout-petits sont des êtres concrets. De là l'importance que le groupe d'appartenance soit représenté par des symboles et, notamment, par une mascotte, un slogan, une chanson thème ou un cri de ralliement.

La conscience d'appartenir à un groupe se développe également chez l'enfant quand on lui fait assumer de petites **responsabilités** par rapport au groupe : être chef de train, aider à distribuer la collation, etc. Il importe que ces tâches soient conformes aux capacités des enfants et qu'elles soient assumées à tour de rôle de façon à ce que chacun contribue au bon fonctionnement du groupe. Enfin, l'éducatrice doit féliciter chaque enfant qui assume correctement la responsabilité qu'on lui confie.

Des conflits surgissent inévitablement dans toute vie de groupe, et cela est particulièrement vrai à un âge où l'égocentrisme est encore très présent. Aussi il est essentiel que l'éducatrice propose aux enfants des stratégies de **résolution de problèmes relationnels** et que ceux-ci s'exercent à ces stratégies. Le processus devrait ressembler à ce qui suit :

➻ chercher plusieurs solutions en aidant les enfants à prendre conscience de l'ensemble des ressources et des moyens disponibles;

➻ les aider à choisir la solution qui paraît la plus efficace et qui convient à tout le monde;

➻ appliquer la solution choisie et aider les enfants à la mettre en œuvre concrètement;

➻ évaluer après coup l'efficacité de la solution avec les enfants. *

L'éducatrice doit s'assurer que les stratégies proposées ne font ni gagnant ni perdant. De plus, elle devrait pouvoir animer pour les enfants, sous forme de petites mises en situation ou de contes, des scènes fictives qui illustrent chacune des étapes de la résolution du conflit. Elle invitera alors les enfants à faire preuve de créativité et à proposer des moyens qu'elle ne manquera de souligner de manière positive.

---

* Le programme «Fluppy» conçu par le Centre de psychoéducation du Québec et qui a pour objectif de former des habiletés sociales au préscolaire de même que le programme intitulé «Habiletés pro-sociales et prévention de la violence en milieu scolaire» qui a été élaboré par la Direction régionale de la santé publique de Montréal-centre en collaboration avec le Département de psychopédagogie et d'andragogie de l'Université de Montréal peuvent être utilisés de manière complémentaire pour aider les enfants à résoudre leurs problèmes relationnels.

Il y a donc toute une série d'attitudes que l'éducatrice doit adopter afin d'amener chaque enfant à sentir qu'il a de la valeur aux yeux des autres et que le groupe a de l'importance pour lui. Pour que les enfants vivent un sentiment d'appartenance, elle doit chercher à :

→ promouvoir la justice et l'équité dans le groupe;

→ planifier des activités collectives ou des projets de groupe;

→ récompenser ou accorder un privilège au groupe quand celui-ci atteint un objectif;

→ confier de petites responsabilités aux enfants;

→ aider à choisir un nom de groupe, une mascotte et un slogan;

→ encourager les enfants à être sensibles à la dimension sociale;

→ encourager les enfants à être généreux et à pratiquer le partage et l'entraide;

→ enseigner des stratégies de résolution de problèmes sociaux;

→ donner des rétroactions ou feed-back positifs sur les habiletés sociales.

LES SIGNES OBSERVABLES D'UN SENTIMENT D'APPARTENANCE

Le tout-petit qui vit un bon sentiment d'appartenance manifeste la majorité des attitudes et des comportements suivants :

→ Il est capable, le matin, de se séparer facilement de ses parents pour rejoindre le groupe

→ Il cherche activement la présence des autres

→ Il est détendu lorsqu'il est en groupe

→ Il communique facilement avec les autres

→ Il retient bien les slogans, les chants de ralliement, etc.

→ Il est capable de sensibilité sociale

→ Il est capable de générosité

→ Il est capable de partage et d'entraide

→ Il suggère, à l'occasion, des idées pour le groupe

→ Il assume de petites responsabilités pour le groupe

→ Il parle de ses amis ou du groupe à la maison

→ Il est capable d'appliquer des stratégies de résolution de problèmes sociaux

LES OBJECTIFS SPÉCIFIQUES

1. Amener chaque enfant à prendre conscience de l'existence et de l'importance d'un groupe.

2. Amener chaque enfant à prendre conscience de son importance dans un groupe.

3. Amener chaque enfant à prendre conscience de ses attitudes pro-sociales de générosité, de partage et d'entraide.

4. Amener chaque enfant à assumer de petites responsabilités pour le groupe.

5. Amener chaque enfant à vivre un sentiment de bien-être en situation de groupe.

LES ACTIVITÉS VISANT À FAVORISER UN SENTIMENT D'APPARTENANCE *

Les activités proposées ici pour favoriser un sentiment d'appartenance s'adressent à l'ensemble des enfants qui ont entre 3 et 6 ans. La décision de ne pas les diviser par groupes d'âge a été prise afin d'éviter de cloisonner le processus de développement de l'estime de soi. En effet, ce processus doit être perçu comme une continuité fonctionnelle dans les apprentissages de *savoir être* et non de *savoir faire*, et cela indépendamment des âges.

Chaque éducatrice est donc libre de choisir les activités qu'elle veut réaliser. Elle se fondera, pour ce faire, sur sa connaissance des rythmes de développement des enfants dont elle a la charge éducative ainsi que sur celle du milieu éducatif dans lequel elle évolue. Il lui est également possible, si elle le désire, de déterminer l'ordre dans lequel ces activités seront faites ainsi que leur fréquence.

Pour établir l'ordre actuel des activités, nous avons d'abord tenu compte de l'enfant, de ce qu'il est et de son vécu, et ensuite de son environnement, c'est-à-dire de sa famille et du milieu éducatif dont il fait partie.

Les activités sont destinées à stimuler le développement de l'estime de soi qui est d'abord fondé sur les attitudes éducatives.

---

* Voir les annexes 1, 2 et 3 avant de commencer les activités :

Annexe 1 • Au sujet de l'animation des activités (page 107)
Annexe 2 • Petit lexique relatif aux activités (page 110)
Annexe 3 • Les dessins (page 117)

TITRE DE L'ACTIVITÉ :
L'AMI SPÉCIAL

SENTIMENT VISÉ DOMINANT :
APPARTENANCE

AUTRE SENTIMENT VISÉ :
CONNAISSANCE DE SOI

OBJECTIF

Amener l'enfant à prendre conscience du caractère unique de son identité et, surtout, à recevoir la reconnaissance de ses pairs.

MATÉRIEL

- Chapeau

- Épinglette ou marionnette représentant la mascotte

- Petites bandes de carton sur lesquelles est inscrit le prénom de chaque enfant

- Calendrier géant

- Colle

- Ciseaux

- Papier de bricolage

- Collier représentant le symbole de l'ami spécial (suspendre à une ficelle un médaillon en carton illustré d'un cœur ou d'une étoile que l'enfant peut porter à son cou)

DÉROULEMENT

- **Mise en situation**

  Répartir l'activité sur une assez longue période afin que de nombreux enfants aient la chance d'être l'ami spécial.

  Piger, dans un chapeau, le prénom de l'enfant qui sera l'ami spécial de la première journée. Celui-ci pigera le lendemain le prénom de nouvel ami spécial, et ainsi de suite.

  L'ami spécial a droit à certains privilèges pour la journée (être le chef de train, prendre des décisions pour le groupe, être responsable de certaines activités, jouer avec la marionnette, porter l'épinglette, etc.)

- **Causerie**

  Demander aux enfants de souligner une des qualités ou des habiletés de celui qui vient d'être choisi comme ami spécial pour la journée.

  Exemples :

  « Alexandre partage beaucoup avec ses amis. »

  « Marie-Sophie est capable de s'habiller toute seule. »

- **Réalisation**

  L'ami spécial reçoit le collier qu'il portera toute la journée.

OBJECTIF	MATÉRIEL	DÉROULEMENT
		• Rétroaction Dire à l'enfant dont le prénom est tiré qu'on est heureux que ce soit lui et qu'il est capable de remplir les tâches qui lui reviennent comme ami spécial. **• Variante** Souligner l'anniversaire de chaque enfant en l'inscrivant sur le calendrier géant et en le nommant « ami spécial » pour cette journée.

TITRE DE L'ACTIVITÉ :
MES AMIS

SENTIMENT VISÉ DOMINANT :
♥ APPARTENANCE

AUTRE SENTIMENT VISÉ :
♥ RÉUSSITE

OBJECTIF

Amener l'enfant à prendre conscience du sentiment d'amitié.

MATÉRIEL

- Livre de conte traitant du thème de l'amitié*

- Feuilles à dessin et crayons

* Ex. : « Plaisirs d'aimer », Roger Paré, Éd. la courte échelle, 1988.

« Le nouvel ami de Jérémie », Éd. des Deux Coqs d'Or, Cyndy Szekeres, 1987.

DÉROULEMENT

- **Mise en situation**
  Introduire l'activité par le conte choisi.

- **Causerie**
  Amener l'enfant, par une série de questions, à s'exprimer sur l'amitié.

  Exemples :
  « À l'extérieur du centre ou de la garderie, quel est ton meilleur ami (ou ta meilleure amie) ? »
  « Au centre ou à la garderie, avec qui joues-tu le plus souvent ? »

- **Première étape de réalisation**
  Les enfants font un dessin collectif d'une scène d'amitié ou d'un jeu qu'ils aiment faire ensemble.

- **Deuxième étape de réalisation**
  Chaque enfant fait le portrait de son meilleur ami ou de sa meilleure amie.

- **Rétroaction**
  Donner un avis positif sur le dessin collectif et sur chacun des portraits réalisés.

TITRE DE L'ACTIVITÉ :
LA COLLATION AMICALE

SENTIMENT VISÉ :
APPARTENANCE

OBJECTIF

Amener l'enfant à prendre conscience du sentiment d'amitié.

MATÉRIEL

- Chandelles rouges
- Feuilles à dessin et crayons de couleur
- Musique douce

DÉROULEMENT

- **Mise en situation**

  Situer l'activité au moment de la collation ou monter avec les enfants une scène qui représente une collation symbolique. Expliquer qu'il s'agit d'un moment de partage, que les chandelles rouges symbolisent l'amour et l'amitié et que la musique nous aide à ressentir nos sentiments, nos émotions.

- **Causerie**

  Pendant la collation, animer un court échange sur la signification de l'amitié en prenant soin d'expliquer que :

  « Même les meilleurs amis ont des chicanes. »

  « On peut avoir envie de jouer avec plusieurs amis à la fois. »

  « On peut être fâché contre un ami et le lui dire. »

  « On peut dire à un ami qu'on l'aime et vouloir le serrer dans ses bras. »

- **Réalisation**

  Chaque enfant fait un dessin représentant la collation (réelle ou symbolique) qui vient d'avoir lieu.

- **Rétroaction**

  Souligner un point positif pour chaque dessin.

TITRE DE L'ACTIVITÉ :
VEUX-TU ÊTRE MON AMI ?

SENTIMENT VISÉ :
APPARTENANCE

OBJECTIF	MATÉRIEL	DÉROULEMENT
Amener l'enfant à être autonome dans ses relations avec ses pairs.	Livre de conte traitant du thème de l'amitié*	• **Mise en situation** Introduire l'activité par le conte choisi. • **Causerie** En s'inspirant ou non du conte, faire porter la causerie sur les questions suivantes : « Pourquoi est-ce parfois difficile de se faire un ami ? » « Que peut-on dire ou faire pour avoir un nouvel ami ? » • **Réalisation** Faire mettre les enfants en cercle. Ceux-ci, à tour de rôle, viennent au centre du cercle. Ils miment ou ils racontent comment ils s'y prennent pour se faire un nouvel ami. • **Rétroaction** Prendre le temps, après l'intervention de chaque enfant, de dire ce qu'on apprécie dans sa façon de s'y prendre pour se faire un nouvel ami. Guider et orienter les enfants quand il le faut.
	* Ex. : « Le nouvel ami de Jérémie », Éd. des Deux Coqs d'Or, Cyndy Szekeres, 1987. « Plaisirs d'aimer », Roger Paré, Éd. la courte échelle, 1988.	

TITRE DE L'ACTIVITÉ :
J'AIDE UN AMI

SENTIMENT VISÉ DOMINANT :
APPARTENANCE

AUTRE SENTIMENT VISÉ :
RÉUSSITE

OBJECTIF	MATÉRIEL	DÉROULEMENT
Sensibiliser l'enfant aux besoins et aux plaisirs des autres. *	Livre de conte traitant du thème de l'amitié **	• **Mise en situation** Introduire l'activité par un conte. • **Causerie** Par diverses questions, amener l'enfant à être sensible aux besoins et aux plaisirs des autres. Exemples : « Que peux-tu faire pour aider un ami ? » « Pourquoi est-ce important d'aider les autres ? » « Comment te sens-tu lorsque tu as aidé un ami ? » « Qu'est-ce que je pourrais faire aujourd'hui pour aider quelqu'un ? » • **Réalisation** Mimer de petites scènes pour montrer qu'on a besoin d'aide. Pour chacune de ces scènes, demander aux enfants de trouver ensemble ou individuellement des moyens de porter secours. Par la suite, laisser les enfants s'exprimer sur la manière dont ils sont venus en aide et sur leur capacité d'aider un ami. • **Rétroaction** Prendre le temps, après l'intervention de chaque enfant, de dire ce avec quoi on est d'accord. Noter également de façon positive ce qu'il faudrait améliorer.
 * Cette activité peut aussi être axée sur le thème des enfants malades et des moyens de les aider (ex. : fabriquer des cartes de souhaits et les faire parvenir à des enfants hospitalisés).	** Ex. : « Le nouvel ami de Jérémie », Éd. des Deux Coqs d'Or, Cyndy Szekeres, 1987. « Plaisirs d'aimer », Roger Paré, Éd. la courte échelle, 1988.	

83

TITRE DE L'ACTIVITÉ :
JE PRENDS SOIN DE TOI

SENTIMENT VISÉ :
APPARTENANCE

OBJECTIFS	MATÉRIEL	DÉROULEMENT
Amener l'enfant à respecter les autres. L'amener à verbaliser ses sentiments dans des situations de conflits.	• Livre de conte portant sur le thème de l'amitié* • Dessin # 12 - « Je partage » *(une copie par enfant)* - p. 117 • Crayons de couleur	• **Mise en situation** Faire placer les enfants en cercle et introduire l'activité par le conte choisi. • **Causerie** Par diverses questions, faire ressortir les thèmes de partage et d'entraide du conte. Exemples : « Qu'aimes-tu que les autres fassent pour toi ? » « Qu'est-ce que tu aimes faire pour les autres ? » « Qu'est-ce que tu n'aimes pas que les autres te fassent ? » « Est-ce que les autres aiment qu'on leur fasse ces choses que tu n'aimes pas ? » • **Première étape de réalisation** Chaque enfant qui désire s'exprimer se place au milieu du cercle. • **Deuxième étape de réalisation** Après avoir expliqué le dessin, laisser les enfants le colorier. • **Rétroaction** Dire à chaque enfant qui s'exprime qu'on a aimé ce qu'il a dit. S'exprimer également sur chaque dessin.
	* Ex.: « Le nouvel ami de Jérémie », Éd. des Deux Coqs d'Or, Cyndy Szekeres, 1987. « Plaisirs d'aimer », Roger Paré, Éd. la courte échelle, 1988.	

84

TITRE DE L'ACTIVITÉ :
J'APPRENDS À RÉGLER MES CONFLITS

SENTIMENT VISÉ :
APPARTENANCE

OBJECTIF	MATÉRIEL	DÉROULEMENT
Amener l'enfant à trouver des moyens de régler un problème ou un conflit.	• Livre de conte traitant du respect des autres • Jouet • Caméra vidéo	**• Mise en situation** Introduire l'activité par le conte choisi. De plus, mimer avec quelqu'un d'autre la scène suivante : une personne prend le jouet d'un autre qui aussitôt se fâche. **• Causerie** Par diverses questions, amener l'enfant à trouver des moyens pour régler les situations de conflit avec ses pairs dans lesquelles il peut se retrouver. Exemples : « Qu'est-ce que je fais pour régler la situation ? » « Est-ce que je frappe ? » « Est-ce que je crie ? » « Est-ce que je peux dire quelque chose ? » « Est-ce que je peux dire que je n'aime pas ça quand on me prend mon jouet ? » **• Réalisation** Deux par deux, les enfants rejouent la scène du début et tentent d'y ajouter un règlement. **• Rétroaction** Dire un bon mot à chaque enfant qui s'exprime. **• Variante** Filmer un conflit entre les enfants. Regarder ensuite la scène et discuter ensemble des solutions possibles. Rejouer la scène et filmer de nouveau en incluant cette fois-ci la situation de règlement.

85

TITRE DE L'ACTIVITÉ :
MON GROUPE S'APPELLE...

SENTIMENT VISÉ :
APPARTENANCE

OBJECTIF

Amener l'enfant à s'identifier comme membre d'un groupe.

MATÉRIEL

• Bandes de papier

• Chapeau

DÉROULEMENT

• **Mise en situation**
Commencer l'activité en donnant des noms de groupe connus (équipes de sport, groupes de musique, etc.).

• **Causerie**
Par diverses questions, amener les enfants à s'exprimer sur le thème de la vie de groupe. Suggérer, ensuite, d'identifier le groupe par un nom tout en limitant les possibilités (choisir, par exemple, le nom d'un animal de la jungle, d'un animal de la ferme ou un nom de fruit).

• **Réalisation**
À tour de rôle, chaque enfant propose un nom qu'on inscrit sur un morceau de papier.

Mettre tous les papiers dans le chapeau et en piger un.

Ce nom devient celui du groupe.

• **Rétroaction**
Souligner la participation de chacun . Les féliciter de faire partie du groupe des « X ».

86

Chapitre 6
DÉVELOPPER UN SENTIMENT DE RÉUSSITE

Il est inutile de faire prendre conscience à un enfant de ses capacités, de lui dire par exemple qu'il est capable, si on ne lui fournit pas l'occasion de vivre de petites réussites ou des succès dans ses activités. Il ne sert également à rien de lui faire réaliser des activités où il est question de réussite s'il ne connaît que des échecs dans ses entreprises.

Le développement d'un sentiment de réussite, important chez tout être humain, ne relève pas d'une quelconque magie, mais de l'organisation quotidienne des activités par l'éducatrice. Cette organisation doit permettre d'offrir à l'enfant des défis à sa mesure; elle doit le motiver, l'inciter à être autonome et assurer qu'il puisse vivre du succès.

L'enfant ne peut pas réaliser ses apprentissages moteurs, intellectuels et sociaux s'il ne vit pas des expériences de succès dans ses activités. Mais pour connaître ces expériences et pouvoir anticiper le succès, il doit avoir le sentiment de sa valeur personnelle, être conscient de ses habiletés et, somme toute, posséder une bonne estime de soi. Cette bonne opinion de soi est à la base de la motivation et du processus d'apprentissage.

Pour qu'un enfant puisse vivre du succès, il faut qu'il ait déjà connu des réussites. L'éducatrice doit réaliser ce paradoxe et amener le tout-petit à être conscient des succès de tout ordre qu'il a connus dans le passé. **Ses souvenirs de réussite étant réactivés**, ce dernier peut s'imaginer à l'avance qu'il aura du succès dans une nouvelle activité. Il est motivé et cette motivation se manifeste par la persévérance dont il fait preuve au cours de l'activité même quand il bute sur une difficulté. Utilisant des stratégies et des moyens efficaces, il atteint son objectif et dégage de ce succès un sentiment de fierté personnelle qui rehausse son estime de soi. Tel est le cycle dynamique de l'apprentissage dans lequel l'estime de soi joue un rôle central.

LES ATTITUDES ÉDUCATIVES

Entre 3 et 6 ans, les enfants doivent vivre de nombreuses expériences de réussite pour prévenir les problèmes de motivation et d'apprentissage scolaires. Pour y arriver, il faut intervenir directement sur les divers éléments qui composent un apprentissage et, en premier lieu, favoriser la motivation.

On peut dire de la motivation qu'il s'agit de **l'anticipation du plaisir** qu'on retirera d'une activité ou de l'anticipation de son caractère utile. Il est donc important que les activités soient stimulantes et sources de plaisir si on veut que les tout-petits aient le goût de s'y engager. Par contre, les enfants de cet âge sont peu préoccupés par **l'utilité des apprentissage**s qu'on leur propose. L'éducatrice doit quand même les informer des retombées concrètes d'une activité; elle expliquera, par exemple, que le fait de savoir découper contribue à faire des beaux chefs-d'œuvre qui orneront bientôt la maison.

Il y a un lieu commun en pédagogie qu'il faut sans cesse répéter : les défis d'apprentissage qu'on propose doivent être **conformes aux capacités** des enfants concernés, ils doivent être adaptés à leur niveau de développement et être en accord avec leur rythme de développement. L'enfant qui échoue parce que l'objectif est trop élevé ou parce que la cadence d'apprentissage est trop rapide ne connaît pas le plaisir; il est démotivé et dévalorisé.

Il est important de revenir souvent à cette équation en ce qui concerne les apprentissages :

Tout succès ou tout échec a des causes. Au cours de **la rétroaction** qui termine chaque activité, l'éducatrice a pour tâche de faire comprendre aux enfants que leur réussite tient à leur motivation, au choix de leurs moyens (autonomie) et à leur persévérance (responsabilité). Quand l'enfant se rend compte que sa réussite ne relève pas de la magie, du hasard ou de la chance, mais qu'elle est plutôt le résultat des attitudes qu'il a adoptées et des moyens qu'il a utilisés, il se sent alors efficace et fier de lui. Cette fierté favorise son estime de soi et donne le goût de réaliser d'autres apprentissages. Par contre, devant une situation d'échec, l'éducatrice doit faire comprendre au tout-petit que ses capacités ou sa valeur personnelle ne sont pas remises en cause. Ce qui l'est, ce sont ses attitudes ou les moyens qu'il a utilisés et qu'il peut modifier à l'avenir. Une telle attitude déculpabilise l'enfant et lui donne de l'espoir.

En situation d'apprentissage, il est essentiel que l'éducatrice favorise **l'autonomie des enfants** en les invitant à faire des choix de moyens et de matériel, tout en les amenant à en anticiper les conséquences positives ou négatives. Durant l'activité, il est également important qu'elle aide les enfants à persévérer, à ne pas démissionner face aux difficultés et à aller jusqu'au bout.

Tous les enfants n'apprennent pas de la même façon. Les styles cognitifs et d'apprentissage sont multiples (visuel, auditif, kinesthésique, séquentiel, simultané, réflexif, etc.) et chacun a le sien propre, c'est-à-dire une façon particulière de percevoir, de traiter et d'émettre les informations. Il est donc important que l'éducatrice propose **des stratégies d'apprentissage diverses** afin que chacun puisse opter pour celle qui lui convient le mieux.

Il y a beaucoup trop d'enfants qui, confondant démarche d'apprentissage et résultat, perçoivent leurs erreurs comme des échecs. Leur fonctionnement relève de la règle du tout ou rien, et cette attitude extrême et perfectionniste les empêche de bien profiter du processus d'apprentissage. Or, **l'erreur est normale** et fait partie de la démarche d'apprentissage. L'éducatrice doit donc leur apprendre à devenir des *apprentis sages*, c'est-à-dire des apprentis qui acceptent de faire des erreurs et de changer de stratégie afin d'acquérir de nouvelles habiletés ou connaissances.

En reconnaissant ouvertement ses propres erreurs et en les dédramatisant, l'éducatrice se place en position d'aider les enfants à faire de même avec les leurs. Un tel témoignage convaincra les enfants que les erreurs ne remettent pas en cause la valeur personnelle.

La créativité des tout-petits doit être aiguillonnée. En effet, ceux-ci sont à un âge où leur imaginaire parfois débordant a besoin d'un exutoire. Se sentant elle-même suffisamment en sécurité et capable de souplesse, l'éducatrice aide les tout-petits à laisser libre cours à leurs fantaisies sans se soucier de la conformité des résultats atteints avec ses valeurs ou ses critères esthétiques. Pareille attitude signifie pour les enfants que l'éducatrice les accepte comme ils sont.

Finalement, l'éducatrice cherche à éviter le plus possible que les tout-petits connaissent un **stress de performance** qui proviendrait d'un rythme de production trop rapide ou d'apprentissages trop précoces. L'enfant a le droit fondamental d'apprendre à son rythme et avec ses motivations. Il a besoin d'être stimulé et non pas dirigé dans des cadres rigides. De même, il faut lui permettre de jouer à son rythme et connaître le plaisir. Le jeu est pour lui sa manière de s'exprimer et la porte d'entrée principale des apprentissages.

Il y a toute une série d'attitudes que l'éducatrice peut adopter pour amener chaque enfant à développer un sentiment de réussite. Pour que les enfants vivent un sentiment de réussite, elle doit chercher à :

→ connaître les capacités et les niveaux de développement des enfants;

→ réactiver chez eux le souvenir de leurs réussites passées;

→ proposer des activités stimulantes qui soient sources de plaisir;

→ informer les tout-petits de l'utilité des activités ou des apprentissages;

→ proposer des objectifs réalistes ou conformes aux capacités des enfants;

→ respecter le rythme d'apprentissage propre à chacun;

→ favoriser leur autonomie;

→ encourager le sens des responsabilités;

- faire régulièrement des rétroactions et des objectivations pour amener les tout-petits à prendre conscience des liens entre leurs attitudes, leurs stratégies et les résultats qu'ils obtiennent;
- suggérer plusieurs stratégies et moyens d'apprentissage;
- aider les tout-petits à identifier, à dédramatiser et à accepter leurs erreurs;
- favoriser leur créativité;
- éviter le stress de performance;
- faire apprendre les habiletés de façon graduelle;
- n'introduire une nouvelle difficulté que lorsque la précédente a été maîtrisée;
- accorder la première importance à la démarche d'apprentissage;
- souligner par des feed-back positifs les bonnes stratégies et les bonnes réponses;
- respecter les rythmes personnels d'apprentissage;
- préparer minutieusement les activités d'apprentissage;
- stimuler le développement de la pensée;
- encourager la participation active des enfants.

LES SIGNES OBSERVABLES D'UN SENTIMENT DE RÉUSSITE

Le tout-petit qui vit un bon sentiment de réussite manifeste la majorité des attitudes et des comportements suivants :

- Il se souvient de ses réussites passées
- Il anticipe du plaisir face à une activité
- Il perçoit l'utilité des activités ou des apprentissages qu'on lui propose
- Il manifeste de la fierté à la suite d'une réussite
- Il manifeste le goût de réaliser plusieurs apprentissages
- Il manifeste de la curiosité intellectuelle
- Il est capable de faire des choix de stratégies ou de moyens
- Il est capable de persévérance malgré les difficultés
- Il manifeste de la créativité
- Il est capable d'initiatives et de risques calculés
- Il est capable de réinvestir et de généraliser ses habiletés et connaissances
- Il identifie et accepte ses erreurs
- Il est détendu durant les activités d'apprentissage

Les objectifs spécifiques

1. Amener chaque enfant à percevoir ses succès ou ses échecs comme une suite logique de ses attitudes et des moyens utilisés.

2. Amener chaque enfant à anticiper du plaisir ou l'utilité des activités proposées.

3. Amener chaque enfant à vivre un sentiment de fierté à la suite d'une réussite.

4. Amener chaque enfant à percevoir ses erreurs et à les dédramatiser.

5. Amener chaque enfant à faire preuve d'initiative et de créativité.

6. Amener chaque enfant à se fixer des objectifs réalistes.

Les activités visant à favoriser un sentiment de réussite *

Les activités proposées ici pour favoriser un sentiment de réussite s'adressent à l'ensemble des enfants qui ont entre 3 et 6 ans. La décision de ne pas les diviser par groupes d'âge a été prise afin d'éviter de cloisonner le processus de développement de l'estime de soi. En effet, ce processus doit être perçu comme une continuité fonctionnelle dans les apprentissages de *savoir être* et non de *savoir faire*, et cela indépendamment des âges.

Chaque éducatrice est donc libre de choisir les activités qu'elle veut réaliser. Elle se fondera, pour ce faire, sur sa connaissance des rythmes de développement des enfants dont elle a la charge éducative ainsi que sur celle du milieu éducatif dans lequel elle évolue. Il lui est également possible, si elle le désire, de déterminer l'ordre dans lequel ces activités seront faites ainsi que leur fréquence.

Pour établir l'ordre actuel des activités, nous avons d'abord tenu compte de l'enfant, de ce qu'il est et de son vécu, et ensuite de son environnement, c'est-à-dire de sa famille et du milieu éducatif dont il fait partie.

Les activités sont destinées à stimuler le développement de l'estime de soi qui est d'abord fondé sur les attitudes éducatives.

---

* Voir les annexes 1, 2 et 3 avant de commencer les activités :

Annexe 1 • Au sujet de l'animation des activités (page 107)
Annexe 2 • Petit lexique relatif aux activités (page 110)
Annexe 3 • Les dessins (pages 118 et 119)

OBJECTIF

Amener l'enfant à améliorer sa qualité d'écoute et d'expression.

MATÉRIEL

- Papier de bricolage
- Crayons de couleur
- Ciseaux
- Colle
- Collier (médaillon en carton illustré, d'un côté, d'une bouche et, de l'autre, d'une oreille, suspendu à une ficelle et que l'enfant peut porter à son cou)

DÉROULEMENT

- **Mise en situation**
  Mimer un personnage qui a de la difficulté à écouter (est distrait, veut interrompre, bâille, etc.)

- **Causerie**
  Amener l'enfant à s'exprimer à partir des questions suivantes :
  « Qu'est-ce qui se passe lorsque je parle ? »
  « Qu'est-ce qui se passe lorsque j'écoute ? »
  Trouver avec lui des moyens pour réussir à bien écouter et à bien parler.

- **Première étape de réalisation**
  Chaque enfant colorie les deux faces de son collier.

- **Deuxième étape de réalisation**
  À la fin de la journée, chaque enfant indique un moment où il a bien écouté et un autre où il s'est bien exprimé. Cela est inscrit sur la face appropriée du collier.

- **Rétroaction**
  Souligner un autre moment où l'enfant s'est bien exprimé ou a bien écouté et le féliciter.

TITRE DE L'ACTIVITÉ :
JE SUIS CAPABLE

SENTIMENT VISÉ DOMINANT : RÉUSSITE

AUTRE SENTIMENT VISÉ : CONNAISSANCE DE SOI

OBJECTIF	MATÉRIEL	DÉROULEMENT
Amener l'enfant à prendre conscience de ses forces et à réaliser tout ce qu'il a fait comme apprentissages jusqu'à maintenant (marcher, courir, parler, faire du tricycle, etc.).	• Livre de conte traitant de l'autono-mie * • Feuilles à dessin et crayons de couleur • Papier de bricolage • Banque d'images (coupures de jour-naux ou de revues) • Dessin # 13 - « Mon certificat de réussite » *(une copie par enfant)* - p. 118	• **Mise en situation** Introduire l'activité par le conte choisi. • **Causerie** Animer une causerie sur l'autonomie, sur la façon de relever les défis et de surmonter les difficultés. • **Réalisation** L'enfant fait un dessin pour représenter ce qu'il est capable de faire ou il fait un collage en puisant dans la banque d'images. • **Rétroaction** Remplir le certificat de l'enfant et le lui remettre avec une petite phrase encourageante.

* Ex. : «Je suis capable tout seul», Emily Perl Kinsley. Éd. Robert Laffont, 1984.

TITRE DE L'ACTIVITÉ :
JE SERAI CAPABLE *

SENTIMENT VISÉ DOMINANT :
RÉUSSITE

AUTRE SENTIMENT VISÉ :
CONNAISSANCE DE SOI

OBJECTIF	MATÉRIEL	DÉROULEMENT
Amener l'enfant à prendre conscience de ses limites.	• Feuilles à dessin et crayons de couleur • Papier de bricolage • Banque d'images (coupures de journaux ou de revues)	**• Causerie** Animer une causerie sur les activités qu'on a hâte de pouvoir faire plus tard. Faire référence à ce qu'on voulait accomplir soi-même lorsqu'on avait l'âge des enfants (faire un gâteau, conduire une voiture, aller travailler, etc.). Mettre l'accent sur le fait qu'on apprend beaucoup de choses chaque jour même lorsqu'on est devenu un adulte (donner des exemples). Les adultes continuent à grandir dans leur cœur même s'ils ne grandissent plus dans leurs corps. **• Réalisation** L'enfant fait un dessin pour représenter ce qu'il aimerait faire plus tard ou il fait un collage en puisant dans la banque d'images. Chaque enfant présente son dessin ou son collage au groupe. **• Rétroaction** À chaque présentation, exprimer sa conviction que l'enfant réussira à faire ce qu'il désire. Dire par exemple : «Je suis certaine que tu seras une bonne conductrice parce que...»

* Cette activité peut être jumelée avec «Je suis capable» *(p. 94)*

95

TITRE DE L'ACTIVITÉ :
JE SUIS BON, IL EST BON, NOUS SOMMES BONS...

SENTIMENT VISÉ DOMINANT : RÉUSSITE

AUTRE SENTIMENT VISÉ : CONNAISSANCE DE SOI

OBJECTIF	MATÉRIEL
Amener l'enfant à prendre conscience de ses capacités et à recevoir la reconnaissance de ses pairs.	• Feuilles à dessin • Crayons de couleur

DÉROULEMENT

• **Mise en situation**
Mimer quelque chose qu'on réussit bien soi- même (se coiffer seule, danser, etc.).

• **Causerie**
Engager une petite discussion en décrivant l'activité qu'on vient de mimer et en expliquant comment cette réussite est une source de joie. Puis, questionner les enfants sur ce qu'ils réussissent bien.

Exemples relatifs aux capacités :
- je suis bon au ballon
- je suis bon cuisinier
- je suis bon en dessin et en peinture
- je suis un excellent chanteur

Exemples relatifs aux qualités :
- je suis serviable
- j'ai un beau sourire

• **Réalisation**
Chaque enfant choisit de faire le portrait d'un autre enfant. Il présente son dessin au groupe en parlant des capacités et des qualités de cet enfant.

Tous les dessins sont affichés.

• **Rétroaction**
Prendre soin d'inscrire sur chaque dessin une capacité ou une qualité propre à l'enfant.

TITRE DE L'ACTIVITÉ :
LA FÉE DES ÉTOILES

SENTIMENT VISÉ DOMINANT :
RÉUSSITE

AUTRE SENTIMENT VISÉ :
CONNAISSANCE DE SOI

OBJECTIF

Amener l'enfant à se voir autrement.

MATÉRIEL

- Dessin # 14 - « Si j'étais un héros ou une héroïne » *(une copie par enfant)* - *p. 118*

- Crayons de couleur

- Baguette « magique »

DÉROULEMENT

- **Mise en situation**
  Parler du personnage qu'on a voulu être lorsqu'on avait l'âge des enfants.

- **Causerie**
  Demander à chaque enfant quel personnage il aimerait être et pourquoi.

- **Réalisation**
  L'enfant dessine ce personnage et il le présente au groupe par la suite.

- **Rétroaction**
  Se transformer en fée et toucher chaque enfant avec une baguette « magique » en lui disant qu'il est le héros ou l'héroïne qu'il a choisi.

  Exemple :
  « Vincent, tu me fais vraiment penser à Tintin parce que tu as ses qualités... »

- **Variante**
  Demander à chaque enfant de s'imaginer avec la peau d'une autre couleur, sous les traits d'un extraterrestre ou d'un animal, etc.

OBJECTIF

Amener l'enfant à développer son sens des responsabilités.

MATÉRIEL

- Chapeau
- Petites bandes de carton portant le nom de chaque enfant
- Ciseaux
- Colle
- Dessin # 11 - « Mes activités » *(une copie par enfant)* - p. 117
- Dessin # 15 - « Je suis responsable de... » *(une copie par enfant)* - p. 119

DÉROULEMENT

- **Mise en situation**

Présenter le dessin # 11 sur lequel on retrouve des activités que l'enfant peut animer (atelier d'arts plastiques, activités physiques au gymnase, etc.).

Piger dans le chapeau et tirer le nom des enfants qui choisiront les activités qu'ils aideront à animer.

- **Causerie**

Après avoir participé à l'animation de l'activité, l'enfant raconte comment son expérience s'est déroulée.

- **Réalisation**

L'enfant découpe, sur sa copie du dessin # 11, l'illustration de l'activité qu'il a aidé à animer et la colle sur sa copie du dessin # 15 - « Je suis responsable de... ».

Au fur et à mesure des animations, afficher la feuille faite par chaque enfant.

- **Rétroaction**

Au moment où l'enfant termine son travail d'animation, lui dire ce qu'on a aimé dans sa façon de faire (souligner les bonnes idées qu'il a eues).

- **Variante**

On peut remplacer l'animation des activités par la responsabilité d'une tâche (aider à laver la table après le dîner, distribuer le matériel pour les arts plastiques, etc.).

TITRE DE L'ACTIVITÉ : MON NOUVEAU SUCCÈS

SENTIMENT VISÉ DOMINANT : RÉUSSITE

AUTRE SENTIMENT VISÉ : CONNAISSANCE DE SOI

OBJECTIF

Amener l'enfant à prendre conscience de ses nouvelles capacités.

MATÉRIEL

- Conte ou film* traitant de la démarche à faire et des difficultés à affronter pour atteindre un objectif

- Dessin # 13 - « Mon certificat de réussite » *(une copie par enfant)* - p. 118

- Crayons de couleur

* Ex.: Le film intitulé « Le petit train bleu ». MCA Home Video, 1991, d'après le conte de Walty Piper.

DÉROULEMENT

- **Mise en situation**
  Introduire l'activité par la lecture d'un conte ou en regardant un film.

- **Causerie**
  En s'inspirant du conte ou du film, poser des questions à l'enfant :

  « T'arrive-t-il de faire des choses difficiles ? »
  « Comment fais-tu pour y arriver ? »
  « Y a-t-il quelque chose que tu n'étais pas capable de faire auparavant et que tu réussis bien maintenant ? »

- **Réalisation**
  Chaque enfant dessine sur le certificat quelque chose qu'il est capable de faire et signe.

- **Rétroaction**
  En remettant les certificats, féliciter chaque enfant à voix haute en l'appelant par son prénom et en soulignant une de ses capacités.

TITRE DE L'ACTIVITÉ :
MON PLUS GRAND SOUHAIT

SENTIMENT VISÉ :
RÉUSSITE

OBJECTIF	MATÉRIEL	DÉROULEMENT
Amener l'enfant à prendre conscience de ce qu'il aimerait réussir et des moyens à prendre pour y arriver.	• Livre de conte traitant de la façon de réaliser un objectif • Feuilles à dessin • Crayons de couleur	• **Mise en situation** Introduire l'activité par le conte choisi. • **Causerie** Amener l'enfant à s'exprimer sur ce qu'il aimerait réussir et sur les moyens qu'il entend prendre pour y parvenir. Exemple : « J'aimerais savoir nager et voici comment j'entends y arriver. » • **Réalisation** Chaque enfant réalise un dessin pour représenter son objectif et les moyens qu'il prendra. • **Rétroaction** Féliciter chaque enfant sur le choix des moyens qu'il a choisis.

CONCLUSION

La tâche de l'éducatrice qui est d'accompagner de jeunes enfants dans leur développement en les faisant participer à des activités quotidiennes est parfois éprouvante. Il n'est pas facile, en effet, d'amener ces êtres perméables et friands de stimuli à distinguer l'imaginaire du réel, à adapter leurs comportements aux réalités physiques et sociales et à faire progressivement le passage du principe du plaisir au principe de réalité. Mais cela s'avère toujours gratifiant et valorisant.

Visant constamment l'équilibre entre le respect de la réalité enfantine, marquée par une spontanéité parfois débordante et par l'impulsivité, et la nécessité d'apprivoiser l'imaginaire et de faire réaliser des apprentissages conventionnels, l'éducatrice doit veiller par-dessus tout à ne pas réprimer la joie de vivre de ces enfants qui n'ont pas encore intégré la censure des adultes. Elle les entraîne dans une démarche d'estime de soi qui consiste essentiellement à les amener à se reconnaître une valeur personnelle en développant leurs habiletés physiques, intellectuelles, relationnelles et créatrices.

Pour choisir l'estime de soi comme processus privilégié de développement des enfants, il faut croire en leurs capacités, en leur devenir, et miser systématiquement sur leurs forces avec la conviction qu'il s'agit de la meilleure voie pour garantir leur bien-être et prévenir bien des difficultés d'adaptation et d'apprentissage.

L'estime de soi donne un sens et une direction à l'éducation car elle stimule les forces de la vie. En aidant le tout-petit à développer un sentiment de confiance, l'éducatrice lui insuffle de l'espoir face au monde. En favorisant sa connaissance de lui-même, elle l'aide à jeter les bases de son identité personnelle et à s'apprécier avec ses caractéristiques uniques. En lui faisant vivre un sentiment d'appartenance à un groupe, elle lui permet de développer des relations de générosité et d'entraide et un sentiment de bien-être à l'intérieur d'une micro-société. Finalement, en amenant le tout-petit à connaître des sentiments de réussite, l'éducatrice le confirme dans ses compétences et lui permet d'accéder à une multitude d'apprentissages.

Il est important que l'éducatrice connaisse un cheminement semblable, c'est-à-dire qu'elle développe sa confiance en ses capacités, qu'elle reconnaisse et valorise son propre style en ce qui concerne les attitudes et les interventions éducatives, qu'elle vive des relations de coopération et d'appartenance à son équipe de travail et, finalement, qu'elle s'attribue le mérite de ses réussites dans l'éducation des enfants.

L'estime de soi est un processus dynamique, cyclique et variable dans lequel tous les acteurs doivent être actifs. C'est aussi une merveilleuse aventure éducative qui prend racine dans l'art et la science, dans l'amour et la raison et qui donne de l'espoir à tout être humain.

CHOIX BIBLIOGRAPHIQUE

BRISSON, V. *La valorisation des ressources personnelles des enfants de 5 et 6 ans par le développement de l'estime de soi et de la volonté*. Sainte-Foy, Québec : École des gradués de l'Université Laval, 1987.

CAPUANO, F. *Programme d'entraînement aux habiletés sociales au préscolaire (Programme Fluppy)*. Montréal : Centre de psychoéducation du Québec, 1997.

CHELSOM GOSSEN, D. *La réparation : pour une restructuration de la discipline à l'école*. Montréal : Éditions de la Chenelière-Mc Graw-Hill, 1996.

DUCLOS G, LAPORTE D, ROSS J. *Les grands besoins des tout-petits : vivre en harmonie avec les enfants de 0 à 6 ans*. (Collection Parent guide) Saint-Lambert : Éditions Héritage, 1994.

DUCLOS G, LAPORTE D, ROSS J. *L'estime de soi de nos adolescents : guide pratique à l'intention des parents*. Montréal : Hôpital Sainte-Justine, 1993.

LAPOINTE Y. *Compétence sociale et socialisation à la maternelle : guide d'activités : maternelle*. Montréal : Direction régionale de la santé publique de Montréal-centre, 1994.

LAPORTE D. *Pour favoriser l'estime de soi des tout-petits : guide pratique à l'intention des parents d'enfants de 0 à 6 ans*. Montréal : Hôpital Sainte-Justine, 1997.

LAPORTE D, SÉVIGNY L. *Comment développer l'estime de soi de nos enfants : journal de bord à l'intention des parents*. Montréal : Hôpital Sainte-Justine, 1993.

MASLOW AH. *Motivation and personality*. New York : Harper and Row, 1970.

REASONER RW. *Comment développer l'estime de soi*. Edmonton : Psychometrics Canada, 1995.

TREMBLAY RE, MASSE B, PERRON D, LEBLANC M, SCHWARTZMAN AF, LEDINGHAM JE. *Early disruptive behavior, poor school achievement, delinquent behavior, and delinquant personality: longitudinal analyses*. Journal of Consulting & Clinical Psychology 1992; 60: 64-72.

INDEX DES ACTIVITÉS

TITRE	SENTIMENT VISÉ DOMINANT	PAGE
Ami *Moi* (Mon)	Connaissance de soi	51
Ami spécial (L')	Appartenance	78
Amis (Mes)	Appartenance	80
Avec toi, j'aime...	Connaissance de soi	70
Bonhomme sourire	Connaissance de soi	63
Chapeau magique (Le)	Réussite	98
Cœur me dit (Mon)	Connaissance de soi	62
Coin de rêve (Mon)	Confiance	34
Collation amicale (La)	Appartenance	81
Empreinte (Mon)	Connaissance de soi	54
Équipe d'étoiles (Une)	Connaissance de soi	71
Exploration spatiale	Connaissance de soi	68
Famille (Ma)	Connaissance de soi	56
Fée des étoiles (La)	Réussite	97
Groupe s'appelle... (Mon)	Appartenance	86
J'aide un ami	Appartenance	83
J'apprends à régler mes conflits	Appartenance	85
Je prends soin de toi	Appartenance	84
Je sais écouter et je sais parler	Réussite	93
Je serai capable	Réussite	95
Je suis bon, il est bon, nous sommes bons	Réussite	96
Je suis capable	Réussite	94
Je suis capable d'attendre mon tour	Confiance	42
Je suis capable de dire ce qui ne va pas	Confiance	43
Je suis capable de faire partie d'un train	Confiance	40
Je suis capable de marcher sans courir I	Confiance	38
Je suis capable de marcher sans courir II	Confiance	39
Je suis capable de parler sans crier ni pleurnicher I	Confiance	36
Je suis capable de parler sans crier ni pleurnicher II	Confiance	37
Je suis capable de partager	Confiance	41
Je t'aime gros comme le ciel	Confiance	31
Lettre d'amour à mon enfant	Connaissance de soi	59

Maison (Ma)	Confiance	32
Maison enchantée (Une)	Confiance	33
Maison sens dessus dessous (La)	Confiance	35
Monsieur Cauchemar	Connaissance de soi	64
Monsieur Frisson	Connaissance de soi	66
Nouveau succès (Mon)	Réussite	99
Origines (Mes)	Connaissance de soi	57
Plaisirs (Mes)	Connaissance de soi	60
Plus grand souhait (Mon)	Réussite	100
Portrait (Mon)	Connaissance de soi	53
Préférences (Mes)	Connaissance de soi	67
Prénom (Mon)	Connaissance de soi	55
Quand j'étais un bébé	Connaissance de soi	52
Qu'est-ce qu'on fait aujourd'hui ?	Confiance	44
Recette originale	Connaissance de soi	58
Saisons de mon cœur (Les)	Connaissance de soi	69
Soupirs (Mes)	Connaissance de soi	61
Veux-tu être mon ami ?	Appartenance	82

ANNEXE 1 • AU SUJET DE L'ANIMATION DES ACTIVITÉS

Voici quelques suggestions d'ordre général qui sont susceptibles d'aider l'éducatrice à atteindre l'objectif de chaque activité proposée.

1. L'éducatrice doit bien comprendre le concept de l'estime de soi (sa définition, son développement, ses caractéristiques observables) et l'avoir intégré de façon personnelle. Il est souhaitable qu'elle ait eu une formation en estime de soi.

2. Elle doit avoir une bonne compréhension de l'objectif de l'activité et être capable de le situer dans l'ensemble des objectifs éducatifs qu'elle veut atteindre avec les tout-petits. Il ne faut donc pas qu'une activité soit utilisée de façon isolée; chacune n'a de sens que si elle se situe dans un continuum développemental.

3. Il est important que le matériel soit préparé à l'avance afin d'éviter un flottement ou de la confusion durant l'activité.

4. Les activités doivent de préférence se dérouler à la même période durant la semaine. Les enfants ont besoin de régularité et de stabilité pour développer sécurité et confiance.

5. Il est souhaitable que les procédures de mise en situation et de déroulement soient faites de façon rituelle; par exemple, commencer toute activité en se mettant en cercle. Cela sécurise les enfants et leur permet de reconnaître à chaque fois le caractère spécial des activités en estime de soi.

6. Au début de chaque activité, l'éducatrice doit faire un retour sur l'activité précédente et aider les enfants à se souvenir de ce qu'ils ont vécu. Cela est l'occasion de donner des feed-back positifs en ce qui concerne les prises de conscience et les réalisations.

7. La motivation étant contagieuse, il importe que l'éducatrice soit motivée par le thème, l'objectif, le contenu et le déroulement de l'activité. Nous souhaitons, pour cette raison, qu'elle fasse un choix personnel de chacune des activités et qu'elle propose les activités choisies avec enthousiasme.

8. Des règles de fonctionnement et de communication stables doivent être établies pour la durée de l'activité. Le respect de l'autre, en gestes et en paroles, est la valeur fondamentale qui permet que les enfants puissent exprimer et partager leurs idées et leurs sentiments sans craindre d'être ridiculisés ou dénigrés.

9. Chaque enfant doit être invité à s'exprimer, mais aucun ne doit être forcé de répondre aux questions. Le droit de parole doit être géré de façon juste et équitable.

10. Il faut aider les enfants à apprendre à attendre leur tour avant de s'exprimer et à bien écouter ce que leurs camarades ont à dire.

11. L'éducatrice doit être réceptive et se concentrer tant sur l'expression verbale que non-verbale de chaque enfant. Empathique, faisant preuve d'écoute active, elle est capable de discerner les idées, les sentiments et les besoins derrière les comportements et de les formuler à l'occasion dans ses propres mots. Elle amène ainsi les enfants à en prendre conscience et à se sentir compris.

12. Elle doit mettre en évidence les différences d'opinion ou de sentiment entre les tout-petits sans porter de jugements négatifs. Cette attitude permet de voir le caractère unique de chaque enfant, de mettre en valeur la question du respect mutuel et de faire en sorte que chacun se sente à l'aise lorsqu'il exprime son opinion.

13. Au moment d'une causerie, l'éducatrice doit rassurer les tout-petits sur le caractère confidentiel de l'activité. Ce qui est dit ou fait ne sera pas transmis à d'autres adultes à moins de comporter des éléments préjudiciables au développement. Un climat de confidentialité favorise la confiance.

14. Au cours de l'étape de réalisation, l'éducatrice doit soutenir l'expression personnelle de chaque enfant (dessin, bricolage, etc.) en faisant porter ses interventions sur les moyens et la démarche plutôt que sur le résultat attendu. Elle doit encourager et valoriser les initiatives ou de l'objectivation et la créativité.

15. Rendue à l'étape de la rétroaction, l'éducatrice doit faire une synthèse de l'activité en recentrant les tout-petits sur l'objectif visé et en donnant des feed-back positifs à chaque enfant pour sa participation.

16. L'activité doit se conclure en informant les enfants de l'objectif et du contenu de la prochaine activité en estime de soi.

17. Il est important d'afficher les productions des enfants.

18. Il est souhaitable que l'éducatrice tienne un journal de bord pour chaque activité. Cela lui permettra d'ajuster ses interventions et d'évaluer les tout-petits en cours d'année.

19. Certaines activités peuvent s'échelonner sur quelques semaines étant donné l'ampleur du thème et des situations à faire vivre. Une activité peut se poursuivre tant que l'éducatrice n'estime pas que l'objectif est atteint.

20. Il ne faut pas craindre de démotiver les enfants en reprenant des activités d'une année à l'autre. L'estime de soi est une démarche de *savoir être* et non de *savoir faire;* cela constitue de plus une excellente façon de constater l'évolution des enfants.

21. Entre les activités, il faut réactiver chez l'enfant le souvenir des prises de conscience et des succès remportés au cours des activités qui ont déjà eu lieu.

22. Chaque éducatrice est invitée à faire preuve d'invention et de créativité et à modifier des éléments des activités proposées. Cela peut conduire également à la création de nouvelles activités en estime de soi.

23. Les éducatrices doivent pouvoir échanger entre elles sur leurs attitudes et sur les moyens d'animation des activités.

24. Finalement, les éducatrices doivent encourager et aider régulièrement les parents à adopter des attitudes et à créer des situations susceptibles de favoriser l'estime de soi.

ANNEXE 2 • PETIT LEXIQUE RELATIF AUX ACTIVITÉS

Les mascottes

La mascotte joue un rôle important dans de nombreuses activités du recueil. Utilisée pour apporter un soutien visuel et même tactile, elle prend généralement la forme, selon l'âge des enfants et selon l'activité et les moyens dont on dispose, d'une marionnette ou d'un animal en peluche, en bois, en carton, etc.

Il peut s'agir d'un *dragon* recouvert d'épines, d'une *abeille* butinant une fleur géante ou d'une *marmotte* tenant un bouquet de ballons. Les *épines*, les *pétales* de la fleur ainsi que les *ballons* représentent alors chacun un espace spécifique attribué à chaque enfant du groupe.

Le chef de train

Le chef de train est l'enfant placé à la tête du groupe lorsqu'il s'agit de se déplacer d'un local à l'autre dans le centre ou la garderie.

Annexe 3 • Les dessins

Certaines activités font appel à des éléments graphiques qui sont regroupés dans une série de dessins qui occupent les prochaines pages.

Les utilisateurs sont invités à reproduire ces dessins en les agrandissant ou à s'en inspirer pour réaliser leurs propres dessins sur les thèmes proposés dans les activités.

Liste des dessins

1   Dans ma chambre, il y a...

2   Je suis capable de parler sans crier ni pleurnicher

3   Je suis capable de marcher sans courir

4   Je suis capable de faire partie d'un train

5   Mon identité

6   Mon arbre généalogique

7   Les émotions

8   Ce qui me rend heureux ou heureuse

9   J'ai peur de...

10 Ce que j'aime faire pour papa ou maman

11 Mes activités

12 Je partage

13 Mon certificat de réussite

14 Si j'étais un héros ou une héroïne

15 Je suis responsable de...

Dessin # 1

Dessin # 2

Dessin # 3

Je suis capable de marcher sans courir

....

Dessin # 4

Dessin # 5

• MON IDENTITÉ •

Mon nom : ....

Mon adresse : ....

Mon âge : ....

La couleur de mes cheveux : ....

Mes yeux sont de couleur : ....

L'animal que je préfère : ....

Mon livre et mon jeu préférés : ....

....

J'ai........ soeur(s)   J'ai........ frère(s)

Dessin # 6

Mon arbre généalogique

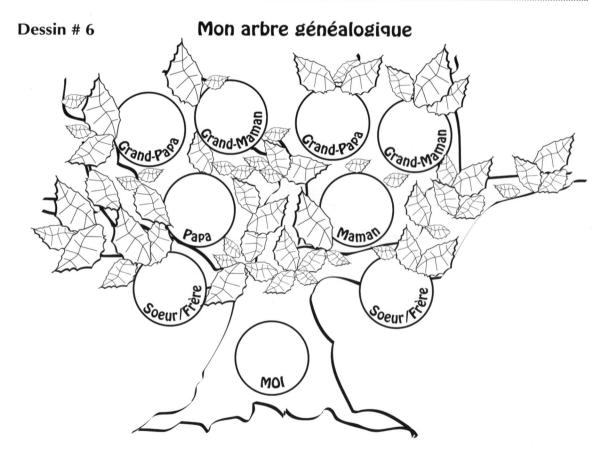

Dessin # 7

Les émotions

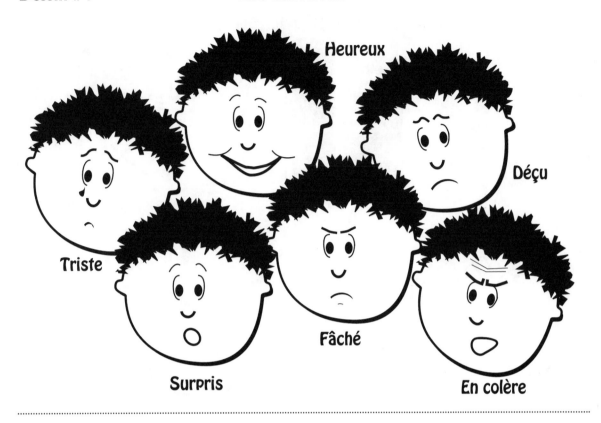

Heureux

Déçu

Triste

Fâché

Surpris

En colère

Dessin # 8

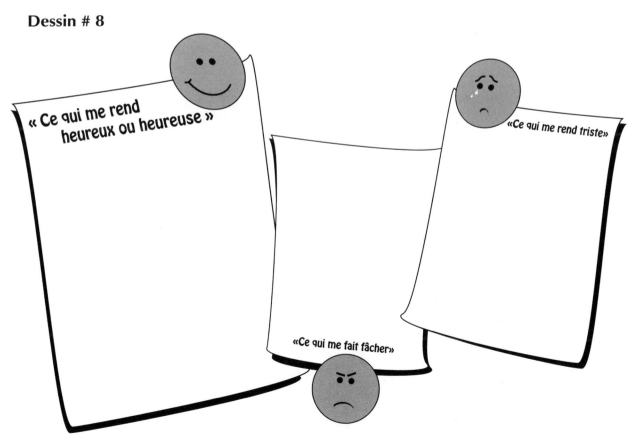

« Ce qui me rend heureux ou heureuse »

«Ce qui me rend triste»

«Ce qui me fait fâcher»

Dessin # 9

Dessin # 10

Ce que j'aime faire pour papa ou maman

Dessin # 11

Mes activités

Dessin # 12

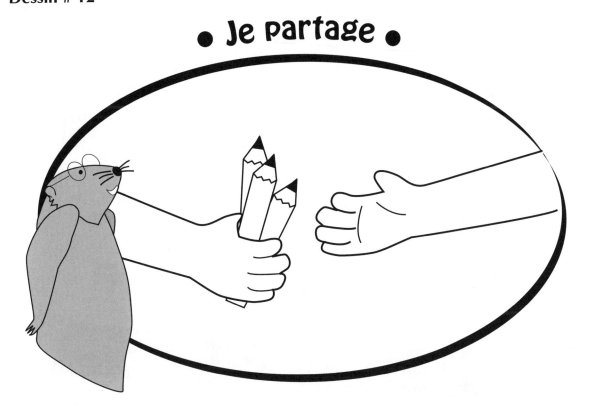

Je partage

Dessin # 13   **Mon certificat de réussite**

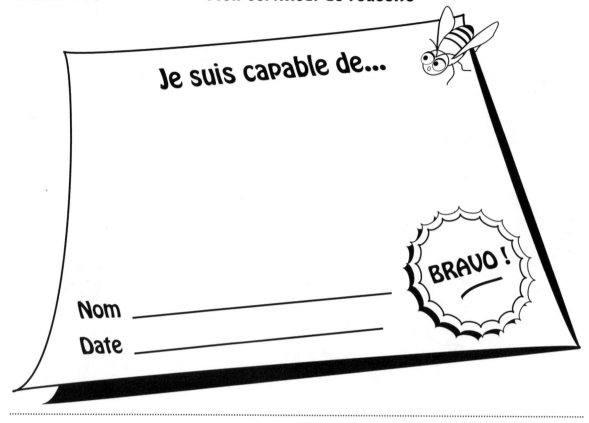

Dessin # 14   **Si j'étais un héros ou une héroïne**

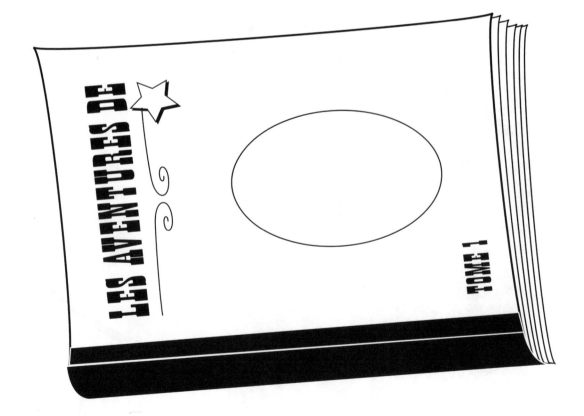

Dessin # 15

«Je suis responsable de...»